小学语文教育教学方法的探索

陈军梅　姚俊霞　刘晶晶◎著

线装書局

图书在版编目（CIP）数据

小学语文教育教学方法的探索/陈军梅, 姚俊霞,
刘晶晶著. --北京：线装书局，2024.1
ISBN 978-7-5120-5946-7

Ⅰ.①小… Ⅱ.①陈… ②姚… ③刘… Ⅲ.①小学语
文课－教学研究 Ⅳ.①G623.202

中国国家版本馆 CIP 数据核字(2024)第 046267 号

小学语文教育教学方法的探索
XIAOXUE YUWEN JIAOYU JIAOXUE FANGFA DE TANSUO

作　　者：陈军梅　姚俊霞　刘晶晶
责任编辑：贾彩丽
出版发行：线装書局
　　　　　地　　址：北京市丰台区方庄日月天地大厦 B 座 17 层（100078）
　　　　　电　　话：010-58077126（发行部）010-58076938（总编室）
　　　　　网　　址：www.zgxzsj.com
经　　销：新华书店
印　　制：北京四海锦诚印刷技术有限公司
开　　本：787mm×1092mm　　1/16
印　　张：11.25
字　　数：205千字
版　　次：2024年1月第1版第1次印刷
定　　价：68.00元

线装书局官方微信

前　言

　　儿童是祖国的未来，是祖国的花朵，确保儿童向着良好化、多样化、个性化的培养方式是时代的必然诉求，也是充分尊重人格的重要体现。当前随着时代经济的发展，统一的个性不利于社会的多元化发展，综合素质的不断提高与突出个性特点的发展是文化教育中的重点方向。小学语文教育作为素质教育的重要科目，肩负的不仅是提升学生的语文素养，同时，也要培养学生的审美情趣。小学阶段，是人生人格和素养的启蒙时期，而且人生第一次接触到的也多是语言的倾听，所以做好小学语文教育，加强对小学生的个性方面的培养具有十分长远的意义。

　　本书从小学语文教育教学艺术介绍入手，针对基于慕课背景下的小学语文教学方法、小学语文教学生活化的理论与方法进行了分析研究；另外对"探究团体"理念融入小学语文教学策略、小学语文课堂有效性教学方法应用做了一定的介绍；还对小学语文教学中的评价艺术做了研究。语文是小学阶段的基础性科目，对于小学生的学习生涯有着重要的作用，学习语文可以有效提升小学生的语言表述能力、文字能力等。本文针对小学语文教育教学的方法进行了相关研究，希望能为相关小学语文教学工作者提供部分有价值的参考，为教育事业的发展贡献部分力量。

　　在本书的写作过程中，虽然努力做到精雕细琢、精益求精，但是由于知识和经验的局限，书中不足之处在所难免，恳请读者批评、指正，以使我们的学术水平不断提高，不胜感激。本书参考借鉴了很多专家、学者的书籍，并借鉴了他们的一些观点，在此，对这些学术界前辈深表感谢！

目　　录

第一章 小学语文教育教学艺术

第一节 语文教育功能与教学特点

一、语文教学艺术的特点

(一) 语文教学艺术具有审美性的特征

苏霍姆林斯基 (Sue Chomski,前苏联现代伟大的教育实践家和理论家) 曾有过一段精彩阐述:"我一千次地确信:没有一条富有诗意的、感情的、审美的清泉,就不可能有学生全面的智力的发展。"富有审美性的语文教学要能够:①展示教学内容美;②再现情景之美;③讲究语言美;④体现教学过程的美,诸如节奏的美、风格的美、板书的美等;⑤注重教师的形象美,包括仪表、风度、情态等。讲究审美性的语文教学,能让学生感受美,理解美,鉴赏美,乃至创造美,它能让人如沐春风,而不是"如坐针毡"。艺术的本质是人对现实的审美观照。俄罗斯当代著名美学家斯托洛维奇 (Nature of Aesthetic Value) 曾经指出:"在每个领域中出现的凡是值得被称为艺术性的活动都必定具有审美意义。"既然教育艺术是教师运用综合的教学技能技巧,按美的规律进行的独创性的教学实践活动,那么教育艺术就必然带有审美性的特点。可以说审美创造是教育艺术的特质。作为基础性学科的语文,它的教学目的本身就有培养学生健康审美观和发现与创造美的能力的要求,成功的语文教学过程本身也应该是审美过程。它从两个方面彰显其审美特质:一是教学内容的美,二是施教过程的美。语文教材是教学内容的主要载体,蕴含着丰富的审美内容。语文教材中选编的课文,大都是依照美的法则创造出来的文质兼美的文章典范。比如小说中塑造的形象美,诗歌中的意境美,说明文中的情趣美,议论文中的哲理美,都可以构成审美教育的资源。教师要利用美的信息激发,引导学生的审美心理和情感,形成正确的审美观念和健康的审美品质。施教过程的美主要指教师教态美和表达形式的美,"教师的教态美指教师在教学过程中表现出来的仪表,表情,动作诸方面的一种综合美"。表现出衣着整齐美观，仪表端庄大方，态度亲切自然等。教师表达形式的美则体现在语言美，富于美感的教学语言要有启发性、鼓动性、幽默性；节奏美，教学节奏有张有弛，有起有伏；板图美，板书层次清晰，简洁明快。

（二）语文教育艺术的内在特征是清晰性

语文教学目标、学科知识、教学过程、教学评价之间内在逻辑的清晰化，从而显示出语文教学的简洁、缜密、雅致。这就是语文教育艺术的清晰化特征，包括语文知识逻辑的清晰化、语文教育系统各个要素内部逻辑关系的清晰化、语文教育过程逻辑的清晰化。

1. 语文知识逻辑的清晰化

首先，把握语文知识的类别。语文知识大致有三类。第一类是语文规律方面的知识，如文字、词汇、语法、修辞、写作等知识。第二类是有关语文学习方法论的知识，如思维方法的知识、听说读写方法的知识、运用工具书和网站的知识。第三类是语文教材中涉及的社会常识和自然常识，如有关作品时代背景的知识、社会人生体验的知识、风土人情的知识等。语文学科存在着它自身的基本知识、概念体系。作为教材编写者，当然要为教育着想，努力把教学内容编制得精粹、实用、好懂；作为教师，要尽力理解编者的意图，引导学生把握教材的脉络，不断积累，把知识点编织成网络。

2. 语文教学目标、教学内容、教学方法、教学评价逻辑关系的清晰化

语文教学目标是教学对学生发展的各种期望在教学中的转化与实现。而这主要靠的是教学内容、教学方法和教学评价内在联系的揭示与把握。因此，语文教学不仅要弄清知识体系的逻辑，而且还要清楚地知道语文教学目标是什么，它与知识的关系是什么，教学方法和教学评价怎样紧扣目标以及知识内容进行等，这也就是语文教学目标、语文教学内容、语文教学方法、语文教学评价之间内在逻辑关系的清晰化。

3. 语文教学过程逻辑的清晰性

语文教学过程是指采用一定的方法操作教育内容从而达到语文教学目标的全部活动历程。教学过程逻辑是最能体现某种教育思想和理论价值的操作部分。教学过程由若干环节构成，而每一个教学环节都与一定的教学内容、操作方法和教学目标的指向与达成相关。教学环节的排列最基本的要求是"有序"，"有一个明确的、合乎科学的序，教和学才有所遵循。循着这个序，一步一步、踏踏实实地教下去，学下去，才可能有好的效果"。一个学段、一个学期、一个单元、一篇课文、一节课，大大小小的语文教育过程，无序则乱，就会影响到教育内容的落实、教育目标的达成。

（三）语文教育艺术具有情感性的特征

教学过程是教师、学生、教材三者之间交流信息的过程。这个过程不是单向的，而是交互的。信息是知识与情感的组合，师生在交流情感的过程中掌握知识，在掌握知识的过程中交流情感。"文章情铸成"课文是情感信息的密集体。教师要运用课文中所包含的真挚情感，叩击学生的心弦，激发他们感情上的共鸣。教师要善于抓住课文中可能引起共鸣的动情点，"点"在抒情性作品中是情感的凝聚点；在叙事性作品中是情节的高峰点；在哲理性作品中就是情理的融合点。教师还应当注意强化教学语言的情感性。"语言是心灵沟通、情感沟通的好工具。教师应努力创造自己的语言风格，塑造自己的语言形象，努力提高自己的语言修养和品位，要注重通过声情并茂的朗读来激起学生的审美情感"。

（四）语文教育艺术具有形象性的特征

教师在施教过程中，还可以借助动作、图像、影视、音响等手段，使抽象的内容形象化。形象性也是语文教学艺术的一个重要特征。首先，教师的语言要有形象的功能。教学语言描摹教材或某些生活场景中的形象，应该达到"状难写之景，如在目前"的地步。其次，要注意体态语言的形象功能。体态语言，是"教师用手势、姿态、表情来表达信息的一种无声语言，它辅助有声语言，更准确更生动地表情达意，使抽象的语言符号变为形象的动作，弥补语言表达之不足"。教学中，教师一个形象的手势，一次鼓励的目光，一个亲切的微笑，都会给学生留下深刻的印象。进而增强教学的形象性，激活学习兴趣，提高教学效果。最后，教师可以利用现代化的教学手段来增强教学的形象化效果。特别是影视艺术，它绘声绘色，直观形象，能让人达到如临其境，如见其人，如闻其声的美妙境界。

（五）语文教育艺术具有创造性的特征

"创造是艺术的生命"，教育术的成败在于创造。语文教育术的创造，是教师依据一定的审美理想，按照美的规律而进行的一种培养人的自觉和自由的活动。语文教育术的创造性有其独有的特征。这体现在：

教学设计，是教师的创造性思维在语文教育谋划中的运用，教师对教材的处理艺术、对学生学习力的判断艺术、对自我教育力的估价艺术是谋划的科学依据，对课文教学目标的确立与陈述、对教学方法的选择、对教学结构的安排，直接影响语文课堂教学行为。可以说，"运筹于帷幄之中"，决胜于课堂之上。语文教育艺术中谋划的物化产品就是教学设计方案，这是我们对语文教育艺术的相对静态的认识。语文教育艺术的动态性特征就表现为教学的行为艺术。如果说设计艺术属于"战略"这个范畴，那么行为艺术则属于"战术"的学问。

教师不仅要自己创新，而且要鼓动、指导学生创新。学生是教学活动的主体。其学习是把外部知识信息主动纳入自己知识结构的过程。在教学方法上，教师要变灌输压制为启发引导；在学法上，学生要变"死记硬背"为"建构自主能力"，挖掘其自身潜力。教育艺术的创造性应该是新颖性和美感性的统一。富有创造性的课堂应充满生命力，教师愉快地教，学生有兴趣地学，师生互动，其乐融融。

二、语文教育艺术的功能

语文教育艺术具有激发学生语文学习兴趣、获得身心愉悦的乐学功能。皮亚杰（Jean Piaget，瑞士人，近代最有名的儿童心理学家）认为，学生是有主动性的人，强迫学习是违反心理学原则的，一切有效的活动受兴趣和需要的支配。对于教育，过去的观念是"你不会学习，我来教你学习；你不愿意学习，我来强制你学习"。现在的观念是"你不会学习，我来教你学习；你不愿意学习，我来吸引你学习"。"强制"与"吸引"，反映了两种截然不同的教育观，教育的效果也不一样。"强制"学习，学生以学习为苦，越学越乏味；"吸引"学习，就是运用精湛的语文教育艺术，让学生感到语文学习的乐趣，越学越有味，美在其中，乐在其中。

教育达到艺术化水平时，学生坐在课堂上便不再感到被迫和痛苦，他们一方面仍是为了需要学习知识获得能力而来，另一方面他们是为了欣赏美、追求美、享受美而来。这就是语文教育的乐学境界。因此，我们要认真研究语文教育艺术的特征，并通过艺术化的教育谋略与课堂教育行为，充实语文教育艺术的多方面的功能。教师和学生同为一个系统之下的两个要素，为使整体功能大于单体功能之和，教师与学生需要同步运转。教与学，教师与学生是矛盾的两个方面，解决这个矛盾，靠老师管学生、压学生、主观片面地命令学生，都不能解决矛盾而只能激化矛盾。强调学生服从老师或强调老师服从学生都是极端的做法。真理常常在两个极端之间的某一点上，这一点就是用民主的方法，使师生之间获得最大限度的互相理解与支持，从而提高教学效率。

"教学有法，教无定法"，教学方法是为教学目的、教学内容服务的，不同的教学目标和教学体系，所运用的教学方法也就不同。即使同一种教学任务，也可能采用不同的教学方法和形式。甚至可以说，哪怕运用同一种教学方法，由于学生的实际情况、教材的不同内容及教师本身的素质、风格等的差异，教法也呈现出灵活性、多样化。

课堂是学生学习知识、形成能力，进而智力获得开发的重要阵地。课堂教学要大面积

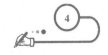

地提高质量，必须科学地解决定向和方式问题。所谓自学能力，实际上就是对信息的建立、处理和反馈的能力。而课堂上对学生自学能力的训练和培养过程，不同于学生课外独立的探索性的自学，它是在教师主导的作用下，有计划有目的地让学生积极主动地获取知识和运用知识、形成能力的过程。在这个过程中，处于决定地位固然是学生，但教师的指导作用也不容忽视。有学者汲取了中外语文教育家的经验，经过长期教学实践的探索、总结，运用信息论、控制论的原理，精心设计了"六步法"（即定向、自学、讨论、答疑、自测、自结），以解决课堂教学的定向和规则问题。"六步法"着眼于课堂教学结构的整体，妥善处理了教学全过程中师生之间的相互促进、辩证统一的关系。学生在"定向"目标的指引下，积极主动地自学、讨论、质疑，并通过自测、自结等明了学习的效果。而在这过程中，教师始终起着引导、点拨、督促、激励的作用。这样，在整个教学过程中，学生真正处于学习的主体地位，教师又充分发挥了主导作用。并且"六步法"的课堂教学结构，使信息的交流反馈及时、广泛、深入，而又是处于全透明的境界，充分发扬了教学民主，学生学得积极主动，师生对教学过程可以有效地实行随机调控，在"六步"法的使用上，都广泛听取学生的意见，真正调动起学生学习积极性，有利于教学质量的大面积提高。

第二节　让艺术走进小学语文课堂

一、把音乐、美术和表演带入课堂

传统的语文课堂教学比较枯燥乏味，但是，如果能把音乐、美术和表演带到语文课堂教学当中去，就会有意想不到的效果。毕竟小孩子生性活泼好动，他们对音乐和表演的兴趣远比学习语文的兴趣浓厚。音乐能发展人的思维，给学生最大限度的联想空间，并且给人无限的美感，让人尽情想象、思索。在语文课堂教学中适当地添加些音乐元素，或配乐朗诵，或让学生唱一些与课文有关的歌曲，就不仅能调动课堂气氛，还能调动学生的积极性。语言文字是一种抽象的符号形式，美术却是直观的艺术形式，而且美术在启发学生的形象思维能力和抽象概括能力等方面有其独到的效果。在语文课堂教学中合理地安排学生进行绘画，不仅能很好地调动学生的学习热情和积极性，而且能更深地理解课文的内容。即兴表演激发学习兴趣。教学是师生双方的交流，但学生是教学的主体，教学效果的好坏，关键看学生掌握了多少知识。孩子有一种先天的表演欲望，在教学中如果能利用这一点做文章，有时会收到意想不到的效果。

对于小学生来说，以下八个方面的习惯首当其冲：

①主动学习，刻苦学习的习惯；

②细心认真、一丝不苟的习惯；

③勤于动手、动笔、动脑的习惯；

④大胆、大方、大声说话，说普通话习惯；

⑤爱惜书本文具的习惯；

⑥好问的习惯；

⑦在合作学习中积极参与的习惯；

⑧规范、整洁写字的习惯。

培养习惯，要悉心引导，严格要求，点点滴滴到位。举例来说，培养学生的写字习惯，要让学生写一笔好字，就必须要求有一定速度，必须规范、整洁地写字。还是以写字习惯培养为例来说，良好的写字习惯就具有极强的迁移性。学生把规范整洁地、有一定速度地写字的良好习惯养成了，其他习惯，如爱惜书本文具，学习细心认真，一丝不苟，学习讲效率，讲质量、求速度等也跟着上来了。

教育呼吁创新，打破传统的语文课堂教学模式是大势所趋，不可阻挡。加强语文与音乐、美术等学科的联系，把读与唱、画、演等有机结合，让语文课堂"动"起来，是一个重要的趋势。不仅能够提高学生的语文素养，而且能够培养学生广泛的兴趣爱好，有助于提高学生的全面素质。

二、让工具性和人文性产生和谐美

语文是最重要的交际工具，是人类文化的主要组成部分。工具性与人文性的统一，是语文课程的基本特点。这是对语文课程性质的最新认识。过去语文课上，教师把课文条分缕析，弄得支离破碎，把语文课上成纯粹的工具训练课。语文课上没有思想的碰撞、心灵的触动、情感的陶冶、审美的熏陶。语文教学的人文教育功能远远没有得到充分的发挥，所以，语文课不受学生的欢迎。新的课程标准把情感态度和价值观等人文性因素放在教学目标的突出地位，突出了语文教育应有的丰富内涵，充分展示语文自身的无穷魅力，还语文以本来的面目。

但要注意的是在教学中在突出体现语文人文性的同时，不能忽视其工具性，应当使语文的工具性与人文性水乳交融。语文学科的人文性和工具性是相辅相成的，是高度统一的。

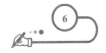

　　语文教学的根在听说读写，是听说读写之内的挖掘与创新，而不是游离于听说读写之外的花样翻新。可时下语文课堂中的有些做法就值得反思了，有不少老师认为，新一轮语文课程改革是在削弱基础，淡化知识。课堂上特别重视对语文人文精神的挖掘，但对字词句等基础知识教学，几乎没有提及，有的教师甚至认为搞这些教学就显得落后、过时，平时教学不重视了，上公开课更是不教这些不能"出彩"的"添头"。课堂教学热热闹闹，教学形式变化多样，可就是听不到琅琅读书声，看不到对语言文字的揣摩品味，欣赏不到对优美精彩文段的必要的独到分析见解。没有了必要的训练，缺少了必要的积累，短短的课文学生读起来结结巴巴。试想，如果一个学生连一些极常用的字词也不会读，不会写，一写作文就是错别字、病句连篇，那么即使他文学感悟力很强，也是难以表达出来的。因此，要强调提升学生的人文素养，决不能以削弱学生的基本语文训练为代价。应在兼顾语文教学人文性的同时，扎扎实实抓好语文基础知识的传授和语文基本能力的培养。只有在教学中真正做到了语文的人文性和工具性的统一，把提升人文素养渗透于扎实的语言文字的训练之中，语文教学的理想境界才有可能实现。

　　现代社会要求公民具备良好的人文素养和科学素养，具备创新精神、合作意识和开放的视野、具备包括阅读理解与表达交流在内的多方面的基本能力，以及运用现代技术搜集和处理信息的能力。

　　语文教育应该而且能够为造就现代化社会所需的一代新人发挥重要作用。语文是最重要的交际工具，是人类文化的重要组成部分。工具性与人文性的统一是语文课程的基本特点。

　　语文课程应致力于学生语文素养的形成与发展。语文素养是学生学好其他课程的基础，也是学生全面发展和终身发展的基础。语文课标中在阐释语文课程的基本理念中将培育学生热爱祖国语文的思想感情，指导学生正确地理解和运用祖国语言，丰富语言的积累，培养语感，发展思维，使他们具有适应实际需要的识字写字能力、阅读能力、写作能力、口语交际能力。

　　语文课程还应重视提高学生的品德修养和审美情趣，使他们逐步形成良好的个性和健全的人格，促进德、智、体、美的和谐发展，作为重中之重。另外还需要清楚的是语文又是母语教育课程，学习资源和实践机会无处不在，无时不有。因而，应该让学生更多地直接接触语文材料，在大量的语文实践中掌握运用语文的规律。每个语言文字都是一颗跳动的生命，都具有一定的感情色彩，丰富的内涵，"花"能使你想到百花盛开，那五彩缤纷的大花园；还会使你想到，那不十分引人注目却那样坚韧，在风雪中傲立的小花。"百合花"让你感觉到清纯、淡雅。"玫瑰花"则让你感觉艳丽芬芳，热情似火。仅仅是"百合"与"玫瑰"两个词语的不同，仅仅是这两个字的差别，给我们的心灵带来不同的刺激、感受。每个跳动的音符都会激起孩子们的遐想，给人以美的享受。都能使你产生丰富的联想，都会让你想到一幅幅生动的画面。

作为语文教师，应指导孩子们赋予每个文字以新的生命，赋予它变化的色彩，使他尽显英雄本色，尽其使命。也应让孩子们尽情享受文字给他们带来的快乐，用孩子们的特有的童音，用他们独特的理解，让他们畅游在知识的海洋中，那是最高的一种境界。

现行的语文课教学模式有两种，一种是"知识理解型"的教学模式，一种是"思维训练型"的教学模式。

前者教师致力于让学生理解语文完整的知识系统，一般按照"解题——释词——分段——归纳中心思想和写作方法——练习"的程序教学。运用这种模式的教师强调语文课程的工具性，而忽视了语文课程的人文性。只让学生理解语文工具的知识，而忽视培养他们运用这种工具的能力。后者教师致力于发展学生的智力，一般按照"阅读——教师提问——学生讨论——教师总结"的程序教学。运用这种模式的教师则强调语文课程的发展性，而比较忽视语文的工具性。只重视发展学生的智力，而不重视发展学生的情感、意志、性格和良好的个性品质。

以上两种模式尽管有不同的教学理念和不同的教学活动结构，但它们也有两大共同点，一是前者教师"一讲到底"，后者教师"一问到底"。教学活动都以教师为主体，而不以学生为主体。二是教学活动都以理解为重点，前者是理解的知识内容，后者是通过理解发展学生智力。两者都是重理解，轻感悟；重分析，轻运用。

根据《语文课程标准》衡量语文阅读教学模式是否科学，是否合理的标准：①是否发挥师生双方在教学有没有反思过去的文章中的主动性和创造性；②在教学中是否体现语文的实践性和综合性（知识与能力、情感与态度、过程与方法的综合）；3.是否重视情感、态度、价值观的正确导向，重视语文课程的人文性；④是否正确处理基本素养与创新能力的关系，即正确处理基础性与创造性的关系；⑤是否遵循学生的身心发展规律和语文学习规律，选择教学策略，即要遵循发展性原理，灵活运用各种教学方法，引导学生识字、写字，学汉语拼音，理解字、词、句、段的意思，阅读、写作、口语交际和进行综合性学习。

阅读教学应注意让学生在主动积极的活动中，掌握语文工具的知识和学会运用这种工具的能力，并重点培养感受、理解、欣赏、评价、运用能力，发展学生的情感、意志、性格和良好的个性品质。

三、实现阅读课教学方式的转变

传统的阅读课教学，是学生被动、单一接受的学习过程，是教师向学生灌输和填充的教学过程，把学生当作一个个可以装许多知识的瓶子，通过反复操练即可掌握技巧的人，而完全忽视和抹杀了学生作为学习主体的主观能动性。学生无法形成健康的个性，更不要说形成未来社会所必需的各种能力。

阅读教学应积极倡导学生自主、合作、探究的学习方式，教师应组织、指导学生学会合作学习。尝试采取小组讨论合作学习的方式，把全班学生分成十个小组，每个小组四个成员组成：一个成绩较好的学生，两个成绩一般的学生和一个成绩较差的学生，桌椅也跟着进行调整。在小组讨论中老师提出各小组要解决的问题。学生明确了学习的目标，学生踊跃加入到小组的合作学习中，积极地进行讨论，各抒己见，合作解决问题。老师也加入到学生的讨论中，并适当地点拨，引导他们所讨论的问题。当学生讨论结束后，老师让各小组派代表来向老师汇报自学的情况，鼓励他们大胆发表自己的意见和看法，并给予及时的肯定和表扬，适时进行指点、帮助。

在讨论汇报中，有的还提出了学习中不明白的问题，也有的对问题的不同看法进行激烈的争论。在小组合作学习过程中，学生加深了对课文的理解，学会发现问题和解决问题，学会团体协作的能力。学生的学习不再是沉闷、被动的了。而乐于去学，主动、积极地参与到学习中。"在合作中学会学习，在学习中学会合作"。因此，教师在阅读教学中可运用多种多样行之有效的阅读教学方式，来达到让学生自主、合作、探究的学习。

课堂教学是语文教学的主渠道，但也要充分运用课外的学习资源，适时适量地引导学生走出课堂，跨出校门，走向社会，靠近自然，让他们在广阔的天地里学习语文，增长才干，学会做人。结合课文的教学内容及要求，充分利用学校多媒体设备，组织学生上网去查阅有关天文知识，让学生通过上网了解自己感兴趣的内容，解决课文中的疑惑。再让学生在班上把上网后所学到的知识进行汇报，各小组互相交流讨论。学生不但掌握了课文的内容，同时也大大激发对天文知识的浓厚兴趣，课外老师让学生组织一个天文兴趣小组，利用课余时间，通过再上网或到图书室借阅课外书及观测天体，进一步让学生去认识、探索宇宙的奥秘。

语文学科是人文学科，人文学科的价值在于使学生在树立正确的理想、信念，提高精神境界、文化品位、审美情趣等方面受到熏陶感染。因此，在教学中应注意人文性的渗透。例如在古诗词《游子吟》一诗教学中，让学生理解诗句的含义后，老师让学生谈谈学了这首诗后的感受，并说说他们的母亲又是如何，将来想怎样报答母亲的养育之恩？学生畅所欲言，纷纷说出各自母亲是如何对自己无微不致的关怀，将来要如何去报答母爱。老师听了后，感到很高兴，及时地加以肯定和表扬，并对学生提出期望，希望同学长大以后能够真正懂得去孝敬父母。教学中让学生懂得父母养育我们的艰辛，懂得了孝敬父母是中华民族的传统美德。

四、阅读教学中学生学法的指导

古人云："授之以鱼，不如授之以渔。"现代教学论认为：教学方法包括教师教的方法和学生学的方法，二者应是有机的统一，而且"教是为了不需要教"。教师的教是为学生的学服务的，教师的根本目的在于教会学生学习。而所谓学生能力，就是走出校门并将老师所教知识全部遗忘之后所剩余的本领。综上所述，学生能力的获得是多么重要，而能力培养的重要途径之一无疑就是学习方法的指导。在具体的教学实践中，我们主要指导学生运用以下几种阅读方法。

（一）互动学习，培养学生的创新能力

在教学实践中，组织互动学习的方式，改变过去班级授课中"传递——接受"式的师生单向交流的局面，老师建立以学习小组为主要形式的教学组织形式。培养学生的创造能力，培养学生的发散性思维和创造个性。在教学过程中把学习的主动权交给学生，教学活动以学生的学习为本，为学生的学习服务，让学生在自主学习的过程中，有自我发现、自我探索的时空，从而培养学生的创造性。

（二）转换角色，挖掘学生创新的潜质

1. 转换师生之间的角色

这种方法往往是教师创设某种疑问，让学生帮助解决的方法。这样做能让学生主动参与学习过程，学生在"帮助"老师弄清疑问的过程中，更增添了探索的欲望和信心。

2. 学生与学生之间的角色转换

在教学过程中，如果某个学生的学习方法很好，教师就可以让他当小老师去教其他的同学学习；如果谁的课文朗读得好，就可以请他范读；如果谁理解得深刻，就请他来表演。这样在学习中角色不断地转换，能够唤起学生积极上进的心理，调动学生内在的动因，不断探索知识，不断完善自我，不断挖掘创新的潜质。

3. 学生与学习内容中的角色转换

语文教材中的作品往往凝聚着作家的灵感、激情和思想，丰富多彩的人物形象及多元

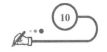

化的角色，为学生展现了一幅幅生动的画面。在教学中可以分角色朗读、分角色表演的方法，让他们与这些角色同喜同悲。这样，学生内在的情感与文中的角色形成共鸣，文中角色的思想在学生的再创造中得到延伸，学生学习语文的时空得到了拓展，学生创新的潜质也可以发挥了。

（三）文言文五步阅读法

从根本上讲，文言文教学实质上就是指导学生阅读文言文。因此，文言文教学方法的改革就是要探究或创造科学高效的阅读方法。这里向大家介绍一种比较切实可行的程序化的文言文阅读方法——五步阅读法。

1. 预读

其主要目标是：读准字音，准确停顿，把握节奏；了解有关作家作品常识；从整体上把握文章的基本内容。具体做法是：

①查阅工具书，结合注释给生字生词注音。

②根据教师范读或课文录音清楚准确地朗读课文。

③结合课文注释和语文工具书，了解有关作家作品常识。

④结合预习提示或自读提示从整体上了解课文。

⑤通过解题和通读全文把握文章的基本内容和文体特征。

2. 抄读

其主要目标是：熟悉课文，自学存疑，明确学习的重点和难点。具体做法是：

①勾画或抄写课文中的生字生词与名言警句。

②勾画或抄写课文中的难句。

③记录在阅读课文时产生的疑难问题。

④阅读或摘抄（或作提要、目录）与课文相关的辅助材料。

⑤结合单元学习的提要、课文预习提示、思考和练习，确定学习的重点和难点。

3. 解读

其主要目标是：通过语言分析，具体地感知课文内容，把握文章表现出来的作者的观点、态度或思想倾向。具体做法是：

①结合语境，从句子结构和上下文去深入理解疑难词语和句子的含义。

②利用古汉语常识具体分析文中特殊的语言现象。

③翻译（可以是口头的也可以是书面的）课文或课文片断，以求深入地从整体上把握

文章。

④课堂专题讨论，落实重点难点，分析解答课后"思考和练习"中的语言训练题。

4．品读

其主要目标是：就思想内容、章法结构、表现技法、语言艺术、艺术风格等方面对文章进行文学和美学的鉴赏性阅读。具体做法是：

①从文体特征出发，总体上把握文章作为一种"类型"的基本特征。

②比较阅读，从内容和形式方面对文章的具体特征和作者的艺术个性进行分析。

③指导学生查阅文献资料，就重要的实词、虚词和语法问题撰写语文小论文，以巩固所学知识，强化能力训练。

5．诵读

其主要目标是：加深理解，强化记忆，丰富语言，积累材料，训练语感，培养素质。具体做法是：

①在理解的基础上，反复朗读，力求熟读成诵。

②朗读品味，背诵名篇、名段和名句，准确记忆。

③扩展阅读，研读与文章相关的材料，扩大知识面以求更为全面深刻地理解课文。

④整理学习笔记，编写学习小结，以突出重点难点。

⑤指导写作读后感想或思想评论，以求陶冶情操。

（四）古诗词四步骤阅读法

总结这几年的古诗文阅读鉴赏的设题角度，不外乎以下几个方面：析语言，想画面，悟感情，辨技巧。在鉴赏的过程中，要遵循以下四个由表及里的步骤来读懂、读透、解答诗歌：

1．析语言

对诗歌语言的考察往往体现在对关键词语、关键诗句的品味理解上。常见提问：

①这一联中最生动传神的是什么字？为什么？

②某字历来为人称道，你认为它好在哪里？有什么作用？

③与某字比较起来，评论高下优劣。预测提问：从以下几个词中选一个填入诗中的空缺出，你会选哪一个？简说理由。

答题步骤：

①解释该字在句中的含义。

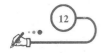

②展开联想，把该字放入原句中描述景象。

③点出该字烘托了怎样的意境，或表达了怎样的感情。

④针对方式三，选准某字，揭示该字在句中（或作品中）的重要作用，要有理有据，能自圆其说。

⑤针对预测的题型，参见步骤四，但不同的是立足学生所选字词来谈，还可与其他几个词比较高下，增强所选答案的说服力。

2. 想画面

诗歌鉴赏是一种再创造，再创造的主要方式是联想、想象，所以这种题型非常常见。

常见提问：

①这首诗描绘了一幅怎样的画面？表达了诗人怎样的思想感情？

②这首诗营造了一种怎样的意境？

预测提问：根据诗中的某句或句中的某词，展开合理想象，用文学性的语言描绘一幅画面。

答题步骤：

①描绘诗中展现的画面。

②概括景物所营造的氛围特点。一般用两个双音节词即可，例如孤寂冷清、恬静优美、雄浑壮阔、萧瑟凄凉等。

③分析作者的思想感情。切忌空洞，要答具体。比如只答"表达了作者感伤的情怀"是不行的，还应答出为什么而"感伤"。

④针对预测提问，要抓准扩展点（关键诗句或字词），理清画面展开的层次顺序，选用恰当的修辞格，用散文化的语言表述出来。

3. 悟情感

一首诗歌，从遣词造句到营造画面，从选择物象到融情于景，无不深深打上作者的情感烙印，所以在品读诗歌时要结合作者以及写作背景的理解来体会作者的思想情感。下面所列古诗文常见感情，希望同学们注意体会：

①感情基调：迷恋、忧愁、愁苦、惆怅、寂寞、伤感、孤独、烦闷、恬淡、闲适、欢乐、仰慕、激愤、坚守、节操、忧国忧民、压抑、沉郁、欢快、风趣、平淡。

②常见主题：忧国忧民、怀古伤今、蔑视权贵、愤世嫉俗、怀才不遇、寄情山水、归隐田园、登高览胜、惜春悲秋、忆友怀旧、思乡念亲、相知相思、离愁别恨。

③不同诗歌类别的不同感情：边塞征战诗——如范仲淹的《渔家傲》对建功立业的渴

望，有报效祖国的激情，有抒写征士的乡愁和家中妻子的离恨，有表现塞外生活的艰辛和连年征战的残酷，有反映对帝王开边的不满和惊异于塞外绝域那种迥异于中原的风光；即事感怀诗——古人常以"即事"为题写诗，因一点事由生发，抒写心中的感慨，如怀亲、送友、思乡、赠人、人生感悟、闲情逸趣等；咏物寄托是古人赋诗的普遍现象，或借诗歌以抒写怀才不遇、沉居下位之苦，或感发其报国无门、不为当道所重之愤，或逞其离愁别绪、物是人非之感，或叙其命运无常、孤苦无助之难。

常见提问：

①本诗的感情基调是什么？

②这首诗（或诗中某字、某词、某句）蕴含了怎样的思想感情？

③有人说这首诗表达了甲感情，有人说表达了乙感情，请结合全诗说说你的观点。（或你认为哪种说法更合理？）

预测提问：请你自主归纳或提炼诗中的感情。（属创新开放题型，鼓励学生大胆创新，不要因袭前人。）

答题步骤：

①纵观全诗，仔细体会，结合上文所列基调仔细斟酌。

②从诗歌中找出带有强烈感情色彩的关键词句，说说抒发了怎样的情感。

③用什么方式或手法抒发情感的。

④这种情感对于主旨的表达有怎样的好处。

⑤针对预测，参见步骤一、二、三，不要囿于陈见，在事实的基础上略加分析，能自圆其说即可。

4. 辨技巧

同学们的复习备考资料中所列表达技巧（包括常见的艺术手法、表现手法、结构方式、修辞方法等）应作为重点逐一深研。

常见提问：

①这首诗运用了怎样的表现手法？

②（结合某字、词、句）谈谈诗人是怎样抒发自己的情感的？

③诗人在使用某种手法时，对于主旨的表达有何效果？

预测提问：试析某种手法在本作品中的作用或某手法在本诗中是如何运用的，请作简要赏析。

答题步骤：

①抓总体，抓典型，其余可稍作一提，准确指出用了何种手法。

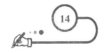

②结合诗句阐释为什么用这种手法（表达方式、表现手法、修辞）。

③此手法有效传达出了诗人怎样的感情。

常言说教无定法，教学方法的探索一方面需要教师不断学习，不断吸收，一方面需要结合教学实践不断探索、创新；学生的学法指导隶属于教师的教学设想之中，教会学生学习，教会学生事半功倍的学习方法，是我们教学的终极目标，这对学生而言意义重大，值得老师们好好动一番脑筋，下一番功夫。

第三节　小学语文课堂的提问艺术

一、研究提问艺术的价值

研究小学语文课堂的提问艺术的主要目的是通过探究小学语文课堂提问艺术，发现更好的、更适合于小学语文课堂的提问方法。从而提高课堂效率、提高学生学习兴趣、提高上课质量。课堂提问是我国语文课堂的关键一环，只有提问到位，学生的学习才会进步。

语文教学是一门艺术，而课堂提问艺术与语文教学艺术的效果密切相关。语文课堂的提问艺术，是一项随语文活动发生就存在的教学技能艺术，这一领域的研究对语文教学具有强烈的现实意义。教师的提问能起到设疑、解疑和反馈的作用，能起到指明方向、承上启下、启发思维和调节气氛的作用。因此在教学过程中，提问联系了师生的情感，开拓了学生的智慧。课堂提问具有很强的技巧性。在全面推进素质教育的今天，探究与素质教育相适应的课堂提问艺术，促进学生的全面发展。

二、小学语文课堂提问的现实意义

（一）提问有助于提高学生的思维和表达能力

①教师可以通过提问艺术教会学生思维，有计划、有目的地采用多种提问的方式激起学生思想上的波澜，去发展学生的思维能力。创设提问的情境，也是激发学生的思维兴趣的有效手段。教师只有善于提问才能使学生的求知欲由潜在状态转到活跃状态，促进学生思维的运用，从而也提高学生的语言思维能力。学生需要自己组织思维，自己组织语言来回答教师的提问，从而在无形中提高了学生的思维能力。

②通过提问给学生提供一个表达意见的机会，学生能面对教师和全体学生用自己组织

的语言表达对问题的理解和看法。所以通过提问既可锻炼学生组织语言的能力，又可以锻炼学生语言的表达准确性和灵活性，从而全面提高学生的语言表达能力。当学生在课堂上多次回答问题之后，他的语言表达能力自然会提高一个档次。教学提问将学生放在特殊的位置上，他要面对通过提问活动，既能使学生逐步学会熟练地组织语言，准确地表达自己的观点，又能很好地锻炼提高学生语言表达的逻辑性和灵活性，从而提高学生的表达能力以及起到锻炼学生对语言的感受能力和即兴发言的能力的作用。

（二）提问有助于学生放下浮躁、踏实学习

①当今社会的学生心灵普遍缺乏静，心态浮躁。当今社会的诱惑越来越多，独生子女，父母宠爱，使学生面对比以往更多的分散精力的事物。这就造成现在的学生心态普遍浮躁。对物质的追求过于重视，这就造成了学生在学习中难以达到静的境界。这就需要教师通过提问的方式使学生把注意力集中在课本上，在学习上。

②学生缺乏实的学习基础。科技发展给学生带来了新的世界，网络世界、电视世界都让学生的见识增多，但是这些杂乱的见识使学生无法静下心来享受书本的乐趣，由于缺乏有效的监督和指导，使学生只跟着兴趣走，而提问则可以使学生重视书本，踏实学习。只有当学生肯踏踏实实地学习之后，才能获得真正的知识。

（三）提问有助于学生掌握全篇文章的重难点

语文课堂教学中的提问，一般都是根据教学内容的重点和难点来设计的。教师围绕重点、难点发问，学生在教师的启发诱导下进行思考。语文教学时抓住这些内容后，学生对不易理解的某些章节和全文有更深的印象，往往可以达到牵一发而动全身、事半功倍的效果。当学生对哪个部分不是很理解的时候，教师适时的提问可以使学生重新回顾这一部分的内容，然后进行思考。早在我国古代就有了"学起于思，思源于疑"的提法，他深刻地揭示了疑、思、学三者的关系。当教师对学生提问之后学生就会疑，然后思考，最后学到知识。这样学生就会对全篇课文的重难点进行了掌握。

（四）提问有助于迅速反馈信息

教师通过提问，可以知道学生对某一方面知识或某一问题理解和掌握的程度，也可以了解学生运用知识解决问题的能力。因此，教师提问是一种直接快捷获取反馈信息的重要渠道。教师也可以根据此信息及时调整自己的教学方法，调整教学进度，更好地完成当堂的教学任务。如果教师在课堂是只会一味地讲解，这样学生一味地获取知识，但是教师并

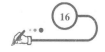

不知道学生究竟有没有掌握知识，只有通过提问，学生回答问题才会暴露自己在知识掌握方面的问题，教师可以及时获取反馈信息，从而调整自己的教学策略。如果提问情况良好，那么教师可以适当加快速度进行讲解，如果提问情况不好，那么教师可以及时反复讲解或者放慢讲解速度。同时，学生也可以通过答问，从老师那里获得评价自己学习状况的反馈信息，在学习中不断审视自己，改进自己的学习态度、方法、习惯等，使自己后继的学习活动更富有成效。所以，教师应深刻地认识并充分地利用教学提问的这一重要功能，为更好地提高教学质量和效率服务。

（五）提问有助于提高学生的学习兴趣

教师必须培养学生的学习兴趣，而巧妙的提问正是引起学生学习兴趣的一种有效手段，也是一种重要的教学艺术。教师应通过有效的提问使学生心理产生疑问，引发学生积极思考。所以语文教师课堂的提问艺术是吸引学生深入学习的源泉，是启发智慧的钥匙，是通向知识殿堂的桥梁。

当教师提问的内容学生不甚了解的时候，就会激发学生学习的兴趣，在书本上寻找答案，积极思考。当学生对学习有兴趣之后，学生就会积极主动地学习，从而产生良好的教学效果。所以在教学过程中，教师可以就学生感兴趣的问题进行提问，从而使学生积极主动地学习。当学生积极主动地学习，对学习有兴趣了之后，学习就会轻松很多。

（六）提问是新课改下新课程的需要

新课程强调的是要给学生留问题，培养学生的问题意识，没有问题的课不能算是成功的课。在新课程中，以"问题为中心"的学习是课堂教学的一种新模式。曾经，教师认为做题就是解决问题，但新课程强调的是，通过设计真实、复杂，具有挑战性的开放的问题情境，引领学生参与思考，让学生通过一系列问题的解决来进行学习。具体而言，主要体现在课程改革首先要解决学生的发言问题，要鼓励学生敢于发言，表达自己的看法。教师要创造提问的情景，让学生意识到他们能提问，可以提问，有权提问。同时也允许老师答不出来，共同探讨研究解决，使学生的学习过程变成学生不断提出问题、解决问题的探索过程。

三、提问艺术在小学语文课堂中的应用

（一）提问问题要注重启发性

我们清楚并不是所有的提问都具有启发性，那些"什么是？""对不对"的满堂文，就是典型的"注入式"的提问。而提问具有启发性，是指提问要贯彻启发性原则，所提的问题要能激发学生思考与求知欲望，促进学生的思维发展，引起学生的探索活动，体现提问的启发价值，使学生不仅说出当然，还说出所以然，并提出自己的见解。启发性是课堂提问的基本要求，是开启学生心智的重要手段。但所提问题的难易要适宜，如果教师提出的问题缺乏难度，过于浅白，没有思考的余地，索然无味，既不能引起学生的兴趣，又不能起到应有的作用。教学《小露珠》，老师问："小露珠对鲜花、大地做了哪些贡献？她们为什么喜欢小露珠？"这样的问题虽然有助于学生了解课文，但是学生不假思索就能回答出来，长此以往，学生的思维就会枯萎。为了培养学生的思维能力，可以把问题改为："小伙伴们为什么舍不得小露珠？"如果问题太难，让人难以琢磨，无从下手，不仅达不到教学目的，而且会打击学生的学习积极性，得到相反的结果。

人的认知结构可以划分为三个层次，即已知区、最近发展区和未知区。因此，有经验的老师在教学中善于寻找学生现有知识水平和最近发展区的结合点，在知识的增长点上布置悬念，在学生可能形成的思想观念等关键处设置问题，在不知不觉中唤起学生学习的热情，然后逐渐提高问题的难度。实践证明，凡是切合实际引人深思的教学提问，有助于点燃学生思维的火花，有助于学生调动学习的积极性与主动性。只有启发式的问题才能调动学生的思维，使学生积极参与到课堂教学中来，成为学习的参与者。

（二）提问问题要难度适中，由浅入深

提问的艺术还表现在所提出的问题要有一定的难度和深度，让学生动一动脑筋，克服一定的困难，完成答案。教师设定的问题过于简单，学生的兴趣就很难被调动，学生就不想去思考。但是如果设定的问题太难，学生就会觉得想不出来，干脆不想了。所以说这里的有难度是指有一定的难度，既不能太难，也不能太简单。只有难度适中的问题才能让学生既不会厌倦又不会觉得高不可攀，这样才能充分地调动学生的积极性。

（三）提问问题要注重开放性

以前的语文教学通常会发现教师领着学生"沿着崎岖的小道向着预设的答案艰难行

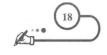

进"的问题，学生常常以标准答案而思考，认为标准答案就是对的。主要原因是问题的设计缺乏开放性。课堂提问要面向全体学生，要具有开放性，尽可能突破标准答案的禁锢，让答案多样化，力争引发学生思维，培养学生创新意识。

（四）提问问题要注重趣味性

思维以疑问和惊奇开始，提出新颖、富有启发性的问题，以提问的"石子"，激发学生对一些问题的思考和争议，以起到"一石激起千层浪"的效果，打破学生思维的懈怠和课堂气氛的沉闷，迅速进入积极的思维状态。课堂提问时要注意内容的新颖别致，使学生听后产生浓厚的兴趣，继而积极思考，激起探究的欲望。对于那些学生熟知的内容，要注意转变角度，使学生听后有新鲜感。如果教师在上课的时候提问十分枯燥无聊，那么学生自然也没有学习的兴致，如果教师提问的内容十分新鲜有趣，那么学生自然会对学习内容感兴趣，从而积极主动地学习。

（五）提问要抓准时机

在什么时候提出问题最为恰当，即根据教学中的信息反馈，恰到好处地提问，务求使问题提在认知教材的重点、理解知识的疑难处和思考问题的矛盾处，这样才能使学生有接受问题的思想准备和情绪要求。"欲速则不达"一切都应该从课堂的实际情况出发，在课堂中教师不能一味地提问而是要找准时机，抓住关键时刻进行提问。比如当全班同学注意力不是很集中的时候，教师可以适当地进行提问，把同学的思路拉回来。还有当同学们对课文中的某一段文字不解时，教师可以恰到好处的提问。

（六）提问要面向全体学生，尊重差异

因为教育要面向全体学生，所以课堂提问也要面向全体的学生，让班里的每一个学生的积极性和创造性都能够得到调动，课堂的发问要坚持面向全体的原则。老师在教学活动中，虽然不能为每一个学生都量身打造一套问题，但是他设计的问题应该根据不同学生的不同的能力设计不同的问题，这样各类学生都能够增长一定的知识。此外，当有学生站起来回答问题的时候，让班里的每个人都认真地倾听，并根据学生的回答提出不同的观点，这样提问的涉及面就很广了，让每个学生都能够很好地开启心智。要依据提问的目的选择对象。一般以巩固当堂知识为目的的提问，应选择优等生；以检查学生的知识为目的的提问，应提问"学困生"；以巩固旧知识为目的的提问，应提问待优生。但务必使提问照顾到全体同学，不要让任何同学感受到了被忽略。

（七）创设良好的提问环境

学生在小学语文课堂中的参与性在很大程度上影响着小学语文课堂提问的有效性。在小学语文课堂中，良好的人际关系、教师的鼓励、充足的思考时间等因素都能推动学生对问题进行积极的探索与分析。由这些内容构成的教学环境对于优化小学语文课堂提问的效果具有重要意义。因此，在小学语文课堂提问中，教师必须重视提问环境的创设。小学教育阶段对学生学习习惯的培养十分重要，在教学中，学生被规范所束缚是一种客观存在的现象，严苛的纪律规章让学生对教师产生惧怕心理。所以，在小学语文教学中呈现出年级越高的学生越欠缺发言与提问主动性的特点。另外，对学生在课堂中的发言，教师希望得到的标准答案往往与学生的真实感受与理解并不相符，尤其是对于教学内容具有灵活性特点的语文教学而言，这一问题更为明显。久而久之，在小学语文课堂中，学生的主体性体现出了严重的缺失。为了提高小学语文课堂提问的有效性，教师必须擅长营造良好的提问环境，为学生提供良好的学习氛围与教学环境以及具备互动性的交流空间，促使学生在愉快和轻松的学习氛围中感受到自身所得到的尊重，并发挥出学生的主观能动性与创造性。所以在提问过程中教师要注重引导，并且对学生的答案给予鼓励，此外小组讨论也是重要的方式。这样学生会更加踊跃发言。

总之，提问是小学语文课堂的关键一环，是调动学生积极性、了解学生学习情况的关键。爱因斯坦说："提出一个问题远比解决一个问题更重要。"问题是小学语文教学的核心，思源于疑，问题是思维的起点。课堂上，老师要用心设计问题，掌握提问的艺术，这样才能真正开启学生智慧的大门，才能在实践中发挥课堂提问的有效性和灵活性。在实际教学过程中，教师一定要在问题设计和提问操作方面多加研究，提出有价值、引起学生兴趣的问题。这样，学生才能不断进步，不断成长。

四、优化语文课堂提问

（一）提问要有目的性

有效提问的一个重要标志是提问要有目的。一个好的问题绝不是漫无目的、信口开河的，应该是目的明确，与课文学习密切相关的有意义的问题。提问要有明确的动机意识，设计问题时要做到"三问"：为什么提问？为什么提这样的问题？为什么这样提出问题？

有些教师在备课时常常在问题边上写上为什么要提这个问题，提这个问题解决什么问题，这是一个很好的做法，这样保证了提问的有效性，使无目的无价值的问题不提，与课文关系不大的问题不提，没有思考力度和张力的问题不提。

（二）提问要有切入点

提问要有切入点，抓住了这些切入点，就找到了提问的"拐棍"。教师要吃透教材，熟悉学生学习情况，找准问题设计的着眼点。学生在学习过程中生疑、发现问题的本领，不是先天具有的，需要教师用心培养。这就要求教师不仅能鼓励学生质疑问难，还要能教给他们质疑的方法，给学生一双会生"疑"的"慧眼"。那么，怎样才能找到提问的切入点呢？以下是抓提问切入点的几个问题。

1. 问在课题处

课题是课文的眼睛，它往往有揭示中心、概括课文内容的作用。教学时，教师可从课题入手提出问题：如课文写"谁""是什么""为什么"，层层深入挖掘。

在引导学生从课题入手质疑时，老师可以告诉学生题目好比是文章的窗口，通过这个窗口可以窥视全文的主要内容。在引导学生阅读时，提示他们可以针对课题提出一些问题。一般可从"是什么？为什么？怎么样？"这三方面来提问，久而久之，使学生逐渐养成见题生疑的习惯，从而提出一个又一个问题。

2. 问在关键处

一节课的教学目的，一般是围绕课文的重点而制订的。课文的难点，要根据课文的难易和学生的理解能力来确定。课堂上所提的问题，都要围绕课文的重点和难点，击鼓要击在鼓点上。好问题往往要问在文章的点睛处。

教师要时常鼓励学生抓住文章的鼓点——关键词句进行质疑，一些推动情节的词句、内容结构照应的关系句、最能体现人物思想品质的句子、中心句等都是可置疑的关键词句。抓住了这些词句，就等于抓住了学习的关键。

3. 问在矛盾处

教材中的许多耐人寻味的矛盾处是作者有意安排的点睛之笔，抓住这些地方提问，不但能激起学生的探究愿望，而且能把课文理解得更透彻。教师要教给学生抓住课文的矛盾之处质疑的方法。

4. 问在空白处

有些课文，作者为了达到某些表达效果。有些情节不做细微的叙述，这就为老师提供了广阔的想象天地。为了让学生深刻理解课文内容，可以启发学生想象，填补文章的空白，学生就易走进文章的"心灵"，领会到文章的思想感情，从而进行创造性思维。第二种设想是改变了课文的原意，描绘出了与课文内容相反的结果。

5. 问在写法处

小学语文教学中，常见教师比较多地从阅读分析的角度提出问题，从帮助学生提炼文章主题的角度提出问题，较少见到有教师从写作的角度提出问题组织教学。即不但要引导学生懂得课文写了些什么，更要理解课文为什么这样写？这样写有何作用？备课时，要看看文章在写作上与其他文章有何不同，要变换角度，从写作的角度去提问或引导学生发问。

6. 问在兴趣处（兴趣点）

教师要抓住学生学习课文的兴趣点提问，因为兴趣是最好的老师，能激发学生学习的热情。面对的教育对象是 10 岁左右的孩子，兴趣更是他们学习的动力。在设计问题时，要从学生的角度出发提问，尽量发掘他们的兴趣点，激发他们探究的乐趣。

除此以外，还有"抓住文章反复之处提问""抓住文章中的标点符号提问"等，都是为教师提问和学生质疑提供了方向和切入点。只要坚持训练，教师提问的针对性和有效性就会不断增强，学生的质疑能力也一定能有长足的进步。

（三）提问要有层次性

教师在备课时，反复推敲，精心设计课堂提问，帮助学生加深理解。设计的问题要适当、适度和适量。适当，主要根据文章不同体裁，设计不同层次的问题；适度，主要指问题的难度要适合学生的实际知识水平；适量，主要指问题的多少要适合学生的接受能力。

1. 所提问题的层次性

提问＝陈述语气＋疑问语缀，所提问题要由简到难，由普遍到特别，逐层推进。如"你以为如何？""你同意吗？""你能告诉我吗？"等问题，必要时可将提问延伸一次，以引入"缓冲区"，获得更深对话的契机："为什么要那样？你如何想起那种方法的？"如果再加上点鼓励和期待，学生的回答可能会更精彩："还有不同的看法吗？""有没有新的看法？""谁还有更合理的想法？"

2. 提问对象的层次性

课堂提问时，有些问题可由老师提问，有的可让学生提出，这要因文而异，灵活使用。

3. 答问对象的层次性

有的心理学家研究，把问题从提出到解决的过程称之为"解答距"。所谓"解答距"

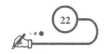

就是让学生经过一番思考才能解决问题，让思想的"轨迹"有一段"距离"。纯属记忆性的问题，只要重复记忆就可完成所答，或问上句，答下句，不必经过思考即可回答的提问，是不存在什么"解答距"的。一般说来，根据"解答距"的长短，提问可以分为四个级别。

第一级，属于初级阶段，所提的问题，学生只要参照学过的例题、例文，就可以回答，这样的问题，属于"微解答距"的范畴。第二级，属于中级阶段，所提问题，并无现成的"套子"可以依傍，但不过是现成"套子"的变化与翻新，这样的问题，属"短解答距"的范畴。第三级，则是高级阶段，所提的问题，要求学生能综合运用学过的知识进行解答，而不是简单的依傍或变通，属"长解答距"的范畴。第四级，则是高级阶段的发展，属创造阶段，所提问题，要求学生能采用特有的方式（无现成的方法可以参照）去创造性地解决问题，属于"新解答距"的范畴。教师应从学生的实际出发，合理调配提问中四个等级的问题的坡度，为学生架设从已知通向未知的阶梯，使学生能够在教师的启发下通过自己的努力，做到拾级而上、步步升高，直达知识的高峰。

根据四个"解答距"的心理学理论，教师的提问内容要有梯度，要有层次；回答问题，也要有层次。引路性提问（新解答距），要多尖子生；综合性问题，要多问优等生，锻炼性提问，照顾待优生；鼓励性提问，穿插点差等生。

教师的问题不在于多，而在于问题的思考性和层次性，引导学生由"文"及"道"，从"内容"到"内涵"，引发学生思考。学生在教师问题的驱动下，透过语言文字，去探究人物的内心世界。课堂提问要让每个同学都有启迪，要使人人主动进取，使课堂变成学生施展才华、相互竞争的场所。

五、课堂精巧设问

课堂提问是教学中用得最多却又很难用精、很难用巧的一门艺术。在语文教学中，重视课堂提问，掌握课堂提问的艺术，是提高教学质量的一条重要途径。爱因斯坦曾经说过："发现问题比解决问题更重要。"让学生学会质疑，主动质疑，既是提高教学质量的一个有效途径，又是培养学生创新精神的重要方法。

目前，在众多的语文教学方法中，课堂提问的诱导启发与思考问题、解决问题有着密切的关系，课堂设疑提问的质量直接影响着教学的质量。如何精巧设问，才能使得思考不再成为学生精神上的负担，而是一种身心的欢乐和享受，是每个语文老师应该认真思考和努力探讨的一个重要课题。

现今新课程的语文教学，"注入式"的教学方法已经不再受到学生们的欢迎，而合作、

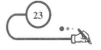

讨论、探究式的教学方法正在逐渐成为一种重要的教学方法。如果教师提的问题有启发性，那么学生就乐于思考，乐于回答，对其学习新的知识就会产生一种促进作用，课堂上也就不至于"死水一潭"；反之，如果教师提的问题空洞生瘪，或是哗众取宠，让学生做简单的"问答游戏"，表面上看起来课堂上举手的人很多，搞得轰轰烈烈，其实是简单化了学生的思维，让学生一味地去文字上找答案，根本谈不上发展学生的智力。

提问的目的很大程度上是为了正确引导学生质疑、释疑，学生不会质疑怎么办？首先要让学生敢于提问，要破除学生怕提问、怕师生嘲笑的心理疑虑，让学生大胆地提问，毫无顾忌地提问，凡是提问，不管好与坏，不管对与错，都要给予肯定和表扬。其次，要教给学生提问的方法，要引导学生抓住重点词句，抓住关键问题提问，不能"浅问辄止"，而应该刨根究底，多角度地思考，多方位地发问。再次，要在质疑上舍得花时间，绝不能走过场，搞形式，而应该实实在在地让学生学会提问，逐步培养学生养成由不敢问到敢问，由不会问到会问的习惯。

对待学生的质疑，只要是有思考价值的问题，无论是教师能回答的，还是不能回答的，都应该积极地引导学生自己释疑。根据学生问题的不同类型，可以从以下四方面引导学生质疑和释疑：

（一）在反复朗读中释疑

"书读百遍，其义自现。"对于学生提出的似是而非、有争议的问题，可以让学生在反复朗读课文后，从课文中寻找依据、讨论辨析和自行求解。老师可以组织学生反复朗读课文，特别是要抓住人物的语言和人物的思想，让学生读出语气、从中体会情感；然后在此基础上，再请学生抓住课文中的词句了解作者的思想变化，使学生在反复朗读中自我释疑。

（二）在同类比较中释疑

有些问题不能孤立、片面地理解，必须借鉴相类似的阅读材料，在相互印证、补充中求得全面的理解。教师扮演的角色要发生转变。"新课标"中指出：教师是学生学习的伙伴。教师要做学生学习的朋友，而不是管制式的家长。老师在课堂上要亲切、温和，课堂下多与学生谈心，让他们觉得你平易近人、和蔼可亲，才会由怕你变为敬你、爱你，他们才会向你敞开心扉，乐意发表自己的看法。

（三）在启发引导中释疑

有些问题，涉及课文中含义比较深刻的词句理解，如果老师能启发引导学生运用以前

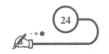

学过的方法去释疑，就能收到比较好的效果。通过运用多种方法启发和引导学生释疑，就可以加深学生对课文的理解，激活学生的思路。许多活生生的教学事例说明：严厉、呆板的教学态度和教学方法，只会扼杀学生的创新意识及能力。他们只能一味地听老师的话，按老师的要求去做。唯命是从，如傀儡一般。这样的教学肯定不能培养出有主见、有创新意识的学生。所以，在课堂教学中，老师应千方百计地给学生创设一个宽松、民主的环境，让他们在这样的环境里充分发展、张扬个性。

（四）借鉴资料释疑

对于那些涉及面广的问题，光靠语文教材是不够的。对于这些问题，可以让学生通过课外查阅相关资料等方法来自行解决，教师从中做一些方向性的引导。比如引导学生可以采取哪些途径，查阅哪类书籍来解决这些问题。实践证明，引导学生自己释疑，能有效保护学生质疑的积极性，提高学生自主学习的能力。所以，精彩的课堂提问是培养学生质疑能力、诱导启发学生思考问题的教学方法。

按照最优化的教学过程必定是信息量流通的最佳过程的原理，合作学习无疑是一种极佳的教学方式，它能使学生互相启发、互相帮助，对不同智力水平、思维方式、认知风格的学生实现"互补"，达到共同提高。但如果运用不当，合作学习的这些作用就无法发挥。因此，领会合作学习的精髓，正确运用合作学习的方法，应当成为大家关注的重点。精心选择合作学习的内容。选择的内容要考虑学生之间可能会有不同的认识，有不同的发现等等，这些内容往往是教学的重点或难点，是学生靠个体自主学习很难解决的。这样，才能把学生的差异变成一种教学资源，学生才会积极参与合作学习，才会收到相互启发的功效。由此可见，设计问题要有艺术性，问题要富有思考性，力求新奇、巧妙、有趣。这样的问题有助于培养学生的学习兴趣，有利于增强学生的思维能力。这样的问题，像一根魔术棒，吸引学生，让学生的精神处于亢奋状态，从而把无意注意转化为有意注意。

总之，课堂提问是一门艺术，作为教师，要灵活应用课堂提问的有效策略，要在提问的有效性、切入点、层次性、艺术性等方面不断优化，那么，小学语文课堂教学质量的提高就是近在咫尺的事了。

第二章　基于慕课背景下的小学语文教学方法

第一节　慕课背景下的小学语文教学

一、对"语文课"的再认识

(一) 对"语文课"含义的再认识

关于"语文"的认识，历来"仁者见仁，智者见智"，有语言文字说、语言文化说、语言文章说、语言文学说，以及把这几种综合起来的语言文字、文章、文学、文化说，也有口语与书面语之说、现代汉语与文言之说等。各种说法都有它的合理之处，因为所提的每一个方面都是语文不可或缺的一部分，但每一种说法似乎也都遭到了质疑，至今都还没有一个定论。

首先，对于人来说，语文是母语教育，要承担起母语教育的任务。这一任务要求我们分清哪些是必须由语文教学来完成的，哪些是自然习得、随着年龄的增长可以提升的，以及这二者的关系。语文教学要承担的是自然习得无法完成、而人的生存生活又需要的那部分，可能对自然习得还有一定的促进作用，不能违背自然习得的规律。也就是说，通过母语教育提升人的生存、生活能力与水平，用母语来培养人，提高人的母语水平。其次。从语文的语言性特点来说，是汉语教育，蕴含的是汉语的思维、文化，要遵循汉语习得、学得规律。其他语言的学习方法只能起借鉴作用，替代不了汉语的学习方法。由此可看出，语文教育的功能是培养人，培养人的母语汉语素养，而其他素养教学过程要遵从汉语的思维、文化特点，要符合汉语教学的特点。

(二) "语文"性质的再认识

语文学科性质的认识直接影响着语文教学标的确定、教学内容和教学方法选择、教学评价的标准等一系列实践问题，这一认识对语文教学活动具有重要的指导作用。关于语文

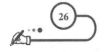

学科性质的探讨从未停止，其中相当有影响力的说法是"工具性""人文性"。

语文学科的"工具"之说由来已久，"工具性"的定性一般着眼于语文学科的内容——语言。语文是学习其他学科的工具，语言是交际的工具，语文主要是学习语言，因此语文具有工具性。一般是基于以上这个推理过程去理解语文的工具性，而勿论这一推理的逻辑过程是否合理，"工具性"之说影响广泛而深远。工具性决定了语文学科要以学习语言形式为己任。

人文性是指语文学科对人的精神培养的作用。汉语是我们民族文化的载体，蕴含着人类的精神情感，承载着人类的思想文化。语文学科涉及生活的方方面面，内容广博，具有极为丰富的人文内涵，能够很好地陶冶学生的思想感情。人文性是语文学科的特点之一，虽然其他学科如政治、地理、历史等也具有强烈的人文色彩，但是很显然，语文的人文性有别于其他学科的人文性，也不等同于一般意义上所说的人文性。极端的人文论者很少进行这些区分，而让语文教育承担太多的精神教养任务。这种泛化的人文性导致语文学科教学内容的模糊，语文课容易异化为政治课、科学课、艺术课等其他学科的课，失去语文应有的学科界限。

统一说是对工具性与人文性的调和。"文以载道，道以传文"，言语是言语形式与思想内容的统一体，二者不能割裂开来。也就是说，工具性与人文性都是语文学科的属性，忽视其一，都不是真正的语文学科。语文是最重要的交际工具，是人类文化的重要组成部分。工具性与人文性的统一，是语文课程的基本特点。新课标首次对语文学科性质作了这种统一说的定位。统一说似乎调和了二者的矛盾，但工具性与人文性是如何统一的，在统一体内两者又是什么关系呢？首先，工具性、人文性是相对提出的，我们习惯于把这一对概念并列地看待，而在语文中，它们不是并列的关系，它们的统一不是二者的相加、混合。工具性所指的语言往往是以文字或声音显性地存在，人文性所指的情感态度与价值观等依托语言表现出来，相对于语文的"显"，它是一种隐性而可感的"场"，可以将两者分别比喻成"肉体"与"灵魂"，这种显性、隐性的关系其实是一种融合的关系。也就是说，工具性、人文性不是简单地共存于语文，它们更是共生，"你成就我、我成就你"的关系。其次，工具性是语文学科的本质属性，人文性是非本质属性，人文的实现需要依附于工具性的实现而实现，若人文性抛弃工具性而独立实现自己，那就不是语文学科的人文性，而工具性脱离人文性也必将不能完整地发挥其作用。因此，语文学科应以工具性的实现为主，人文性的实现是以工具性的实现而实现的。

工具性、人文性的这种显性、隐性的存在特征，决定了课堂上语言教学的显性地位，着力于语言，从显性的形式——语言出发，紧紧围绕这个形式。语言承载的人文因素则是一种隐性的存在，主要指文本语言蕴含的立场、情感、态度、观点、审美等，熏染、渗透是它的课堂存在方式，不宜抽出来离开语言而大讲特讲，让之离开语言而"现形"，则意味着人文性的架空。

二、小学语文教学特点及特征分析

（一）小学语文学科特点

1. 小学语文学科性质的特征

语文课程是一门学习语言文字运用的综合性、实践性课程。义务教育阶段的语文课程，应使学生初步学会运用祖国语言文字进行交流沟通，吸收古今中外优秀文化，提高思想文化修养，促进自身精神成长。开设语文课程的目的是为了让学生在以后的工作、学习、生活中不仅能够运用本国的语言文字，还必须具备艺术性地运用本国语言文字的能力，以此来提高自己的文学审美能力，进而提升自身的文化修养和促进自己精神的成长。由此可见，语文课程的性质包括两个基本性质，即工具性和人文性。小学语文学科除了具有工具性和人文性特征，还要考虑到小学阶段基础教育的特性，所以小学语文学科还具备基础性特征。以下对小学语文学科性质的三个方面特征进行具体阐述。

（1）基础性

小学语文学科的基础性特征主要包括以下三个方面的内容：首先，培养学生的语言文字运用能力。无论学习任何学科，都是需要借助语言文字来理解和表达其学科的知识体系，所以语文学科是学习其他学科的基础。其次，在小学阶段为学生形成良好个性和健全人格打下基础。最后，在小学阶段培养学生掌握终身学习的读、写基本技能，为其以后发展和终身发展打下坚实的基础。

（2）人文性

小学语文学科的人文性特征是指，小学阶段语文学科的核心教学目标是促进小学生健康地成长和发展，培养其热爱祖国和语言文字的情感，培养其自信心，使其逐步形成积极乐观的人生态度，提高其审美能力。

（3）部分工具性

语文学科具有工具性的特征，主要是指帮助学生提高语言文字运用的能力。这里所说的语文学科具有部分工具性特征，主要有以下两个原因是：第一，语文学科的所有领域和所有语文产品确实并不都有工具性，如小学语文教材中诗歌、故事等文学作品塑造的人物形象不具有工具性特征；第二，从语言文字的功能上看，主要体现的是材料性特征而非工具性特征，将其看作表达思想和情感的材料和载体更为合适。

2. 小学语文学科学习过程的特点

从学习过程的角度看，小学语文学科具有实践性、累积性和外显性的特点。

（1）实践性

主要是指，学生积极参与语文教学活动中，不仅要在课内完成对知识的消化与吸收，还要在生活实践中或学习其他科目时，能够利用语文学科知识对其有更好的理解，还要能更加准确规范地使用语言文字将其进行有效表达。在小学阶段，语文实践性主要体现在，小学阶段的语文教育主要培养是学生的"听""说""读""写"四大技能，小学生在学习过程中只有进行不断反复的练习和实践才能掌握。学生离开了实践活动，就不能将学到的语文学科知识转化为语文能力。

（2）累积性

是指语文学习是一个需要日积月累、不断沉淀、不断重复感悟的过程。这种累积性的特性主要体现在以下三个方面：首先，语文学习需要不断自我感悟。在学习语文课文时，需要经过初读、细读和深读等阶段，才能真正领悟文章的内涵。其次，语文的学习是一个不断反复训练的过程。在小学阶段，小学生的"说""读""写"三大技能，只有经过不断的反复训练，才能培养出良好的语感和掌握较好的写作技能。最后，语文学习需要大量的外在材料来帮助学习者完成对学科知识的理解和吸收。语文学科学习，不能仅仅满足于教材所选取的选文，要想真正理解选文的学术性和思想性，需要阅读大量的相关材料来帮助理解、消化和吸收。

（3）外显性

外显性特点主要是从学习活动的形式上看，朗读、背诵、写字、说话、作文等基本技能的活动形式都是外显的，并且都具有信息传递功能。通常情况下，通过这些外显的行为表现，我们就可以推断出其语文素养的高低。总之，语文技能的训练既是一种学生的学习活动，也是一种展示性活动。

（二）小学语文课堂教学特点

1. 教学目标具有整合性

小学语文课堂应以培养学生的综合素质为出发点，将知识能力、过程方法和情感态度三个维度的目标细化到培养总体目标下的道德目标、文化目标、科学思维目标、汉字目标、阅读目标、写作目标等十方面，分别提出具体的要求。

由此可以看出，小学语文的教学目标整合性不仅体现在三维目标相互渗透、融为一体，还体现在将多重教学目标有机结合，融合在全面培养小学生的语文素养、提高其文化修养和促进精神成长的教学核心目标上。

2. 教学内容具有开放性

在新的课程标准要求下，小学语文的课堂教学内容走的是开放性的教育路线。具体来说，主要包括以下三方面的内容：首先，从小学生心理发展水平出发，以培养全面的语文素养为核心目标，选择多种形式的教学材料，将其开发成课程资源，为实现教学目标服务。其次，强调跨学科内容的融合。最后，加强小学语文课程资源与社会生活的联系性。小学语文课程资源不仅要结合小学生心理发展水平的特点和认知结构的特点，不断加强课程资源与周围生活的联系，还要与时代生活息息相关，不断适应时代发展的新要求、新变化。

3. 教学方式要具有互动性

小学语文课堂教学方式具有互动性，主要体现的是师生间互动交流层面。具体来讲主要包含以下两个方面：第一，在小学语文的教学过程中，课堂不是教师一个人的舞台，如前文所述，小学语文学科具有很强的实践性特点，小学生的"听""说""读""写"四大技能，只有通过不断的反复实践中，才能形成自己的语文能力。可知，学生在语文学科教学活动中扮演很重要的角色。第二，小学生语文课堂需要师生间不断地互动与交流。如前文所述，小学生的语文活动具有很强的外显性特征。在语文教学活动中，教师通过与学生的不断交流反馈，根据学生的学习效果来调整自己的教学进度。总之，无论在语文课堂上采用讲授式学习形式，还是探究性学习或合作性学习形式，这些形式都离不开师生间良好的互动氛围。

4. 教学过程具有活动性

小学语文课堂教学过程具有活动性，主要是指课堂呈现出更加活泼的状态，教学活动更加生动。小学语文课堂教学具有活动性的特点，主要由以下四个方面决定的：首先，在小学阶段，学生的神经系统发育还未成熟，活泼好动依然是这个时期学生的主要特性。其次，教学内容的设计局限于"读一读、写一写、说一说"等教学形式，不能起到良好的教学效果。在课堂教学中将教学形式逐步扩展"演一演、做一做"等，对教学效果可以起到明显的改善作用。再次，小学生的语文知识学习是一种基本技能训练的过程，也是一种自我展示性学习活动。在小学语文课堂上，学生需要将自己学到的内容通过诵读的方式将其表达出来，以此展示自己的学习效果。只有通过不断的自我展现的学习方式，才能逐步强化学习到的语文学科知识。最后，小学阶段的学生有较强求知欲望和好奇心。小学生的知识储备有限，探索未知世界的愿望较为强烈。另外，小学生保持着一颗纯真的心，学习行为不受成人世界各种条条框框的束缚，主动展现自己学习成果的积极性较高。

5. 教学形式具有灵活性

小学语文学科在新的课程标准要求下，为了更好地实现多重教学目标，有效地传达教学内容，小学语文课堂的教学组织形式更加多种多样。教师从教学目标和教学内容出发，结合小学生的实际情况，不仅可以组织学生运用自主探究、问题设置、合作交流等学习方式进行学习，还可以在课堂上积极采用组织讨论、角色扮演和游戏等多种教学方法，甚至还可以采取课外学习等其他方式，使教学形式的表现方式更加具有灵活性。

三、慕课与语文课程整合的必要性和可行性

（一）慕课与语文课程进行整合的必要性分析

近些年，现代信息技术快速发展，不仅改变了人类的生活世界，同时也冲击着教育领域，给学校教育的教学生态系统带来了本质变化。教育的信息化给教育方式、教育方法、教育思想、教育理念的变革带来了深刻影响，同时也给教育制度、教材等也带来了一定的影响。可以说，现代教育技术与学科课程整合是现代教育技术发展的必然趋势，而慕课与语文课程整合也必然成为新时期语文课程改革的趋势。以下将从师生关系、教学环境、教育方式等方面来看现代信息技术带给语文课程实施层面的变革。

1. 师生关系的重建

在传统的课堂教学中，教师是教学主体，而学生则是被动接受知识的容器，整个教学过程是机械的、静态的、线性的。而在多媒体、网络的教学环境下，教师借助新式的信息化、多媒体教学工具，将传统的、静态的、机械的线性教学理念转变为动态的、灵活的、非线性的资源型教学理念。在信息化的教学过程中，教师和学生共同协商进行，学生成为课堂活动的主体，教师成为学生学习的"组织者、协调者、设计者、开发者、社会文化的诠释者、教育的研究者和学生的合作伙伴"，从而在语文课堂上经过师生间的互动交流，形成和谐、民主、平等的师生关系。

2. 教学环境的变革

将现代信息技术融入语文课堂后，单调枯燥的教学环境向多样化发展，教学环境也发生了根本性的变化。"现代信息技术为语文教学构建了一个多媒体、网络和智能有机结合

的个别化、交互式、开放性的动态教学环境"，现代信息技术所引起的语文课堂和教学环境的变革，有助于促进教师开展创新教育，提高课堂教学效率；也有利于学生发挥其主体性，师生间通过交往、互动，建构民主的课堂氛围，提高学习效率。

（3）教学方式的变革

传统教育领域中的教学方式是以"教"为中心的班级授课制，教学质量较低。现代信息技术支撑下的、新的、动态的教学环境下，教师开始从重"预设"到重"生成"，从重"教"到重"学"的交互式教学方式进行转变，并且单一的班级授课制转变为分组教学、个别化教学、班级授课等多种课堂教学形式。在多媒体、网络支撑的教学环境下，新课程所倡导的"对话教学"的教学方式是师生关系和民主平等课堂氛围营造的有效方式。而"先学后教"的教学方式同样可以提升学生的自学能力、培养学生的协作精神，有利于自主、合作、探究学习方式的形成。

（二）新课标为慕课与语文课程整合提供了广阔的应用空间

语文课程的基本特点是其工具性和人文性的统一，它与日常生活有着密切联系，具有广泛的社会应用性。语文课程要充分发挥其促进学生发展的独特功能，使全体学生获得应该具备的语文素养，并为学生的不同发展倾向提供更大的学习空间；要为造就新时代所需要的多方面人才，弘扬和培育民族精神，增强民族创造力和凝聚力发挥应有的作用。由此可见，新时期下语文课程的性质、理念以及目标的调整为慕课和语文课程的整合带来了可能性。

1. 语文课程性质提供整合的理论依据

语文是最重要的交际工具，是人类文化的重要组成部分。工具性与人文性的统一是语文课程的基本特点。"工具性"主要从语文课程培养学生语文运用能力的实用功能和课程的实践性特点出发；而"人文性"主要从语文课程对学生思想感情的熏陶、感染等文化功能和课程所具有人文学科特点出发。语文课程还要求学生具备较强的语文应用能力、审美能力以及探究能力，所以为了适应时代发展趋势和教育信息化的发展趋势，语文课程改革必须立足于现代信息技术的发展。

慕课作为一种新型的教育和学习方式，它依托于当下的信息技术和网络技术，自主学习模式是其特征之一，它同样要求学习者具备一定的审美和探究能力，如此才能顺利展开学习。如果将慕课与语文课程进行整合，则符合语文课程性质的规定，通过师生共同努力，可以真正让学生的自主学习能力得到提升，提高学生的语文素养，为成为新时期下国家发展所需要的多方面人才打下基础。所以，新课改环境下，对语文课程性质的界定为慕课与语文课程进行整合提供了理论上的可能性。

2. 语文课程基本理念提供整合的前提条件

语文课程新理念要求教师在教学过程中要积极倡导自主、合作、探究的学习方式，要善于激发学生的学习兴趣，满足不同学生的学习需要，促进学生的个性化发展，并且教师还需要颠覆传统的教师形象，要创造性地开展多种形式的教学活动，实现教学相长。灵活、巧妙地运用慕课资源，可以激发学生的兴趣，促进其主动学习，也能最大化地满足学生个性化学习的需求。慕可以网络化学习的开放教育学为基础，课程范围覆盖人文、社会和科学等众多学科，并且慕课中的学习资源基本上都是免费的，这就为教师和学生提供了全世界范围内最优质、最丰富的教育和学习资源，并且有利于学生个性化的学习。因此，语文课程新理念对教师教的要求为慕课走进语文课堂提供了实施的前提条件。

3. 语文课程目标为整合提供实施的可能性

语文课程目标要求中小学生在语文课堂上能够创造性地采用新的学习方法、思维模式去探究新的学习领域，积极主动地探究学习过程中未知的新领域。以往传统教学中学生被动接受学习的情况应该得到改变，充分体现学生课堂上主体地位，培养他们的探索精神和创新能力。所以，这就要求语文课程的教学过程应该满足不同学生的学习要求，促进学生个性化发展。

如果将慕课资源引进语文课堂，教师可以利用慕课激发学生的学习语文兴趣，同时可以达到中小学阶段语文课程目标中培养学生的探究意识，养成独立思考、质疑探究的习惯等目标，并且对全面提高学生语文素养也起到很大的推动作用。由此可见，深刻理解语文课程目标有助于我们在具体的语文教学实践中，自觉落实课程改革的具体举措，同时为慕课与语文课程整合提供了实施环境和可能性。

四、慕课在语文课程教学应用有效性的实践探索

在语文课堂上，教师应能够合理地运用现代信息技术，恰当地采用各种学习资源和利用多媒体资源进行有效教学，创设自主合作探究式的语文课堂，培养学生的阅读鉴赏能力、口语交际能力、写作能力以及一定的审美能力和探究能力，最大限度地满足学生个性化发展的需求。慕课在我国教育界兴起至今，在中小学教育领域也得到了长足发展。而慕课与语文教学的整合是多方位的，所以结合近些年慕课在我国基础教育的发展情况以及我们具体的语文教学实践活动，将从以下两个方面对将慕课运用语文教学实践中进行有效探索。

（一）把慕课资源碎片化插入语文课堂，利用慕课优质资源

慕课作为一种新型的教育和学习方式，它的突出优势是优质教育资源全民共享。目前国内外慕课平台建设呈显著的上升趋势，参与慕课课程的人数也越来越多，课程的种类涵盖范围也越来越广，包括计算机、经济管理、语文、人文、物理等课程内容。同时，慕课集合了国内外知名学校的优质教学资源，为每一位慕课参与者提供优质的课程。所以，将慕课与语文课程进行有效整合的最便捷方式，就是教师在备课的过程中充分利用慕课资源，完成语文教学目标。

慕课拥有丰富优质的人文学科，虽然有些课程并不适合学生，但是有些课程资源和语文课程相关内容却有着千丝万缕的联系，这就要求语文教师能够从这些已有的优秀教学资源中选出自己所需要的，而与教学内容重叠比较多的课程资源，可以作为课后知识拓展的资源在课堂教学中加以灵活运用。

语文教学是枯燥的，引入国内外慕课相关优秀的课程资源，在语文教学过程中插入视频，有利于激发学生的语文兴趣。同时，教师也能在筛选大量适合语文课程的网络教学资源的过程中获取新的知识，接受新兴的教育理念和教育模式。

当然，在引入慕课教学资源时，教师要注意与学生的互动，引导学生进行自主探究式学习，如此才能真正发挥视频的教学意义，完成教学目标。

（二）开展结合传统课堂与慕课的混合式教学模式

现代信息技术的发展促进了面对面课堂教学与基于技术媒介式的学习环境的融合，各种形式的教学应用模式层出不穷。混合式学习、翻转课堂、微可以及现在的慕课等在这样的环境下应运而生。

而混合式教学是"不同学习方式和教学要素的相互结合，它借助面授与网络两种学习模式的优势来重新组织教学资源、实施教学活动，达到提高教学效率的目标"。而慕课作为一种新的教学模式，为教育领域带来了一种全新的在线学习形式。它正是借助于网络信息技术，为学习者提供优质教育资源，并且具有大规模、学习支持、交互性、生生互评和颁发证书等特点。

同时，慕课学习没有严格的时间和空间的限定，相对于传统课堂教学而言，更有利于学生在课堂上发挥主观能动性，促进学生的个性化发展，也符合以学生为中心的教学理念。它在我国基础教育领域的应用为我国长期并无多大进展的课堂改革带来了一丝新意。从我国目前基础教育现状以及教育技术的整体条件来看，把基于慕课的网络学习与以面授

为主的传统教学结合起来，构建一种以常规教学工具和多媒体技术手段、课内与课外、线上线下等相结合的混合式学习模式在我国基础教育阶段推行是可行的。

五、对慕课在语文教学中应用的展望

（一）信息技术背景下教师的专业成长

教师是决定教学成功与否的关键因素。就本研究而言，语文教师的专业发展将是制约语文课程改革成败的关键因素。当今时代是科技和大数据的时代，现代信息技术飞速发展，不仅促进了全球经济发展，同时也在不断改变着人们的工作、学习、生活方式。基于多媒体技术和现代信息技术的慕课与语文课程进行整合，在信息化背景下，就对语文教师的教师专业化发展提出了更高的要求。

第一，语文教师除了要具备基本的职业道德和业务素质，在慕课背景下，还应该树立"终身学习"的教学理念，为自己的专业发展打下坚实基础。教师在教学工作期间应该坚持学习，阅读大量的书，不断地进行思考，从书中获取有效信息，以扩大知识面，提高自己的专业能力，加深对不断更新中的教育理念与技术的理解，最大限度地满足学生在课堂上对各种知识的渴求。例如，在慕课背景下，作为语文教师应该不断地学习新技术，提升自身素养。慕课平台上拥有大量优质的人文知识课程和教育资源，教师应该以开放包容的姿态接受，积极参与慕课的学习，不断从中汲取新的知识，提升自己的学科专业能力，为课堂教学打下坚实基础。

第二，教师应该在实际教学过程中不断提升自身的信息素养。而提升教师信息素养的前提是尊重和肯定教师在教学信息化中的重要地位，进而激发教师们在教学信息化的主动性和积极性。并且处在网络时代，教师还应该丰富并更新教学方法和手段，掌握现代教育技术，采用新技术来组织和实施教学，如教师利用微博、微信等上的文字图片信息、慕课、微课等视频课件等多种形式来展示自己教学和科研成果。所以，在新时期，教学技能的核心构成要素之一是教师对于各种新教学技术的设计和开发能力。

第三，增强教师的文化自觉意识。教师的文化自觉是教师专业发展的"内动力"，而总结、传递人类文化成果是教师的基本职能之一，教师是传承的主体。因为教师的存在，人类长期创造的宝贵精神财富才得以继承与发展。教师应在履行自己的文化职责过程中，通过不同渠道不断获取丰富的资源和文化信息，取其精华，去其糟粕，进行有针对性的分析和整合，运用到课堂实践中，从而实现自己的文化自强，提升了自己专业发展过程的有效性，经过积淀形成独特的教师文化气质。由于慕课个性化的特征，将其与小学语文课程进行整合，可使学生真正成为学习的主人，也符合课程改革提倡的"自主、合作、探究"式学习。但是，在实际教学过程中，教师文化的缺失，直接导致了教学课程改革仅仅停留在技术层面和工具层面，过于简单化和形式化，特别是身兼重任的语文教师，其思想层面、文化层面的深度内涵往往无法得到进一步深入，仅仅停留在表层。

语文课程内在价值和意义集中体现在其人文性上。一方面，语文课程的人文性指其包含着丰富多彩的人类文化精髓；另一方面，语文课程的人文性强调"对人的生命价值的尊重，强调对学生健康个性、健康人格的培养"。"尊重人的价值、尊重人的独特体验和感受、尊重人的文化及其多样性，培养健康个性，形成健全人格"，这才是语文课程人文性的意义。基于慕课的特性和语文课程理念要求，把慕课与语文课程进行有效整合，语文教师应该不仅仅从技术层面不断提升自己，还应该增强文化自觉意识，在课堂上营造良好的文化氛围，培养学生对语文学科文化的认知。在语文教学中，把中国优秀的传统文化知识传递给每个学生，在学习慕课先进理念的同时，把培养教师文化自觉意识和慕课背景下语文课程新的教学技能技巧的提高结合起来，这样才能为慕课深入发展提供一条出路。

在教育信息化和语文课程改革的背景下，每一位语文教师面临着越来越多的机遇和挑战，这就要求语文教师在专业发展的道路上精益求精，不管在教学的道路上还是科研的道路上都应该充分利用现代信息技术进行教育创新，培养学生的想象力和创新能力，促进学生学习的主动性和积极性，激发其学习语文的热情，推进慕课与语文课程的有效整合。

（二）学校教学制度的变革

现代信息技术发展与课程变革的动力和宗旨都指向满足学生日益增长的个性化学习需求，共同的目标导向也为慕课与课堂学习提供了结合的可能性。慕课的开放性这一特质打破了传统课堂封闭、孤立、静止教学的状态，而基于大数据的个性化学习分析冲破了传统教学标准化、模式化的牢笼。而将慕课与课程进行真正有效整合，首先与学校管理层面密不可分。所以，学校领导应对教学与管理流程重新设计，在教育信息化背景下进行课程改革，这样会收获不一样的教育效果。以下从三个方面进行分析。

第一，调整授课制。班级授课制自诞生以来对整个社会的教学实践产生了深远影响，其"在充分发挥教师的主导作用和提高教学效率方面做出了历史上任何教学组织形式都不曾做出的贡献"。但班级授课制的缺陷也是显而易见的，它缺乏教学互动，不利于学生个性的发展。课堂教学方式变革的尝试与探索一直都在进行着，然而到目前为止，依然没有其他课堂教学方式能够替代班级授课制在教育领域的地位，虽然一些学校采用了一些新的教学方式，但绝大部分学校仍旧是班级授课制。信息技术背景下的课堂教学如果一直坚持班级授课显然已经不符合时代的发展要求，而走班制的出现恰好可以弥补班级授课制的不足。所谓走班制，是指"学科教室和教师固定，学生根据自己的能力和兴趣愿望，在教师的指导下选择适合自身发展的层次班级而上课的一种教学制度"。

第二，进行课时调整的改革。传统教学模式会给学生提供一份精细的时间表，每一堂的课上、课下时间都被精准地罗列出来，在这样的安排下，学生慢慢丧失自主学习能力。而在教学中顺利实施慕课，却需要学生的自主学习能力。在慕课的理念和模式下，许多课程知识的讲解可以通过提前制作的视频供学生自主学习。为了确保学生能够按要求学习视频内容，提升学生学习的自主性，教师应该发挥其监督作用，帮助学生有效完成视频学习。这就要求教师在教学过程中适度减少课堂教学时间，给学生提供充足的自学时间，让学生可以根据自己的兴趣爱好选择喜欢的学习方式，从而提高学生的学习主动性，提高教学效率。

第三，完善评价制度。传统的教育评价，注重的是对评价对象的分等鉴定，主要服务于学生的选拔、教师考核与奖惩，以及对学校进行分等鉴定等管理目的，是一种以判断优劣的总结性评价活动。这种评价标准已经不完全适合教学信息化的大背景。慕课的开放共享知识理念为我国课程改革带来了一种新的思维方式、新的教育方式、新的课堂生态，同时也改变了学生的学习方式。在新的评价制度中，慕课在线学习中的"进阶作业"和"诊断性测验"具有重要地位。

除此之外，学校还可以从"增值评价""自身进步评价""组织质量评价"三种评价方法进行革新。"增值评价"，也叫"附加值评价"，即"一定时期的学校教育对学生成长发展所带来的积极影响"。慕课背景下的课程改革需要基于大数据的评价，说明自身在促进学生个性发展的优势所在。"自身进步评价"，是"以评价期开始时的现状为评价标准，衡量进步情况，以及在周期内组织或者成员取得的成就"，学校可以利用现代信息技术，积极发展自身进步评价。"组织质量评价"是"对一个组织在复杂多变的社会中，适应外部环境、把握发展机遇、获得竞争优势、取得预期成果等能力的评价"。信息技术的高速发展，对教育提出更多要求和挑战，学校教育应该与时俱进，在这个信息爆炸的时代，应该重视"组织质量评价"理念的意义。

总之，在现代信息技术高速发展的背景下，学校教育需要进行多种评价制度的改革，通过多样的评价制度及手段，对课程教学中的教师和学生进行诊断和分析，如学校师生关系是否符合教育信息化的背景；课程设置与教学内容是否符合学生需求；学校的课堂教学模式是否紧跟教学技术手段的革新等。通过建立和使用这些评价制度，可以发现和解决慕课与课程整合过程中出现的问题，快速做出调整。这样，学校良好的教育环境可以更好地激励学生个性化发展，促进教师专业化成长，推进现代信息技术与课程整合的进程，为我国的新课改添砖加瓦。

（三）理想完善的教育设施设备支持

把慕课与小学语文课程进行有效整合，必须进一步提升多媒体信息化教学环境，以保障教学运行和教学质量。而理想的教育设施设备的支撑，是教育信息化的前提条件。

首先，学校应该建设和改造多媒体教学及其控制系统。有条件的学校应该满足师生人手一台无线覆盖的移动智能学习终端（电脑、手机），这样就可以确保每位学生都能参与网上学习、交流和讨论。并且只要愿意，有了这样的设备，无论何时何地，学生都能自主学习。而教师可以随时在线回答学生提出的问题以及监督学生的学习情况（观看视频、作业完成等状态）。当然，这需要学生合理使用这些电子学习设备，为了保证学习有效率，家长和教师还应进行监督。

其次，建设多媒体课件工作室视频功能室等多功能室，满足各类教学资源建设的需要。这要求相关部门制定多类资源的建设标准和工作要求，明确自主开发和引进教学资源建设的流程。这是慕课在语文教学中能够顺利开展的前提。当然，这些设备的投入和使用需要技术人员及资金的大力支持，所以想要在小学校园推广慕课，需要多管齐下，才能建设优质资源高度共享平台。在这样的网络学习平台上，可以给本校师生之间、教师与教师之间、学生与学生之间以及校外师生的网络学习带来极大便利。

面对众多网络学习平台提供丰富的学习资源，教师应该改变观念与拓宽视野，提高信息化素养与应用能力，将运用的网络资源进行有针对性的整理分类，将那些适合本学科特点、教学内容及学生特征的信息与本课程进行整合，提高这些网络资源的使用率和有效性，达到技术与课程的深度整合与创新。

第二节　基于在线教育的学生学习方式变革

一、在线教育概述

（一）内涵

在线教育作为远程教育的第三阶段，在经历了只能观看教育视频的传统网络教育，线下教育培训机构或学校转线上以及互联网公司涉足教育行业，又受美国慕课及新的互联网技术的影响后，进入了全新的阶段。"在线教育"可分为两部分进行理解——"在线"与"教育"。"教育"在这里是指广义上的教育，不仅包括体制内的学校教育，也包括体制外

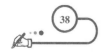

的各类培训、辅导等，它既包括授予学历的教育，也包括非学历教育；"在线"是指教师和学生的活动基于互联网进行的。在线教育与互联网教育、网络教育同义。在线教育的定义是：通过互联网进行的突破时间、空间，以学习者为主体，学生与学生、学生与教师之间可以交互的教育。也就是说，在线教育的内涵包括以下五个方面：其一，在线教育的本质是教育；其二，通过互联网进行教育或服务；其三，学习具有随时随地性；其四，充分发挥了学生的自主性，学生拥有了全新的学习方式；其五，教师和学生、学生和学生之间可以借助在线教育系统进行互动、交流。

（二）特点

1. 开放性

在线教育打破了时间、空间、年龄以及虚拟和现实的边界，极大地呈现了开放性。从教育资源上来说，教育资源是影响教育公平的一个重要因素，但优质教育资源是有限的，它主要集中在较发达地区、城市和名校，而农村、偏远山区、非重点学校的师资，教育设施等资源相对来说较为匮乏。因此区域之间、城乡之间、校际之间的资源不公就显现出来了。在线教育的发展使各种优质教育资源不再单单属于某个地区、某个学校、某个城市，它突破了空间上的限制，让全国乃至全世界的学生都能"接触"到优秀的教师，享受优质的教学成果，接受先进的教学思想，从而改变了教育的封闭性，促进了知识的流通。

2. 自主性

目前，在线教育市场存在着各式各样的在线教育平台，各在线教育也为学生提供了丰富多样的课程选择。学生可以根据自己的需要自由地选择在线教育平台或课程。例如，学生想要在线学习某些知识，就可以选择网易云课堂、新东方在线等提供课程类的平台进行学习，这些平台中的课程都有着精细的分类，学习者可以自主选择课程、授课教师及时间地点，相对传统教育来说，在线教育赋予了学生很大的自主性。

此外，学习者的自主性还体现在学习者要自己进行学习活动，自己调节学习进度，进行自我监督。在传统学校教育中，学习进度是由学校及教师来决定的，如每课时需要完成什么任务、课后做什么作业巩固等，这些都不是学生可以决定的，学生只是单纯地服从。而通过在线教育，学生需要计划自己的学习活动，在学习过程中，也没有教师的监督与督促，学生必须靠自己的意志进行自我监督与控制，这极其考验学生的自主能力。

3. 互动性

在线教育与传统网络教育最大的不同在于，在线教育可以实现学生与学生、教师与学生、平台与师生之间无障碍地互动交流。学习者借助在线教育平台进行学习时，教师可以和学习者们之间进行提问、答疑等互动，学习者可以随时记笔记，学习者之间也可以浏览对方的笔记、反思、交流问题等。这样一来，教师与学生不再只是单纯地讲完课或听完课就算完成任务了。通过师生、生生互动，拉近了教师与学生的距离，促进了思想的交流、知识的巩固，有助于为学生创造良好的学习氛围，提高学生的学习质量。

（三）在线教育分类

当前在线教育依据不同标准可以划分为不同种类。

1. 按服务方式分类

在线教育按服务方式分为课程类、题库类、答疑类。

课程类，即在线教育平台为学习者提供不同种类的课程，如新东方在线、学而思网校等。这类在线教育平台主要是为不同群体提供相应课程，如针对中小学生的文化课辅导，面向想要培养自身兴趣爱好群体的绘画、摄影、书法课，或是针对考试群体的考研、托福、雅思等课程。这些课程有直播课可以直接观看，也有录播课可以进行缓存，学生根据自己的时间或需要来选择。课程类是目前大多数在线教育平台的服务内容。

题库类，即为学生提供大量习题，如猿题库。这类平台主要为不同阶段的学生提供各种习题，如与教材同步的习题、专题练习或模考练习等。平台对学生所做的习题进行评阅，然后提供答案，对错题进行解析，并推送相关习题，让学生进行巩固训练。

答疑类，即为学生提供习题答案及解析，如小猿搜题、作业帮。此类平台主要为学生的日常学习提供服务。目前，答疑类有拍照搜题，也有真人答疑，学生可以自己选择，一般拍照搜题是免费的，而真人答疑则需要收费。学生在完成作业过程中遇到困难时，可以借助平台对难题进行拍照，从而平台给出答案及解析。

目前，以上三类平台在提供自己的主要服务内容之外也开始涉猎其他服务，如课程类平台中也会提供与其课程相应的题库，题库类也有在线辅导服务，答疑类也开始为学生提供课程、习题等服务。但其他服务仅仅是作为补充，与专业在线教育平台还是有所区别的。

2. 按商业模式分类

在线教育按商业模式分为 B2B 模式、B2C 模式、C2C 模式。其中，"B"是"Business"即企业，"C"是"Customer"即消费者。

B2B 模式，即企业对企业的模式，在线教育行业中主要体现在大型出版传媒集团为学校、政府等提供教学视频、课件等资源。

B2C 模式，即在线教育产品直接面向用户，学习者通过互联网平台进行学习，这是目

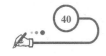

前存在较多的形式，如各线上辅导机构、沪江网等。

C2C 模式，即用户对用户，也就是双方借助这个平台进行一对一的交流。这种形式的在线教育正在发展中，如猿题库、作业帮等都开始进行一对一真人答疑，跟谁学在线教育平台中也致力于打造一对一名师辅导模式。

3. 按平台性质分类

根据在线教育平台的性质可以分为营利性和非营利性的在线教育平台。

营利性的在线教育平台主要是传统的线下辅导机构以及互联网企业建立的商业在线教育平台，如学而思网校、VIPKID 在线少儿英语、粉笔网、新东方在线等，这些在线教育平台为学习者推出系统的课程或服务，通过学习者购买课程或服务来获得收入。

非营利性的在线教育平台的开发者主要是国家及各阶段学校，也有一些互联网技术公司的参与。非营利性在线教育平台主要是为公众提供一些免费的优质课程，如 MOOC、网易公开课等，其目的不是营利，而是为了打破优质资源的闭塞，使公众享受更好的优质资源，促进教育公平。

二、在线学习方式的理论介绍

（一）学习方式的内涵

迄今为止，各学者对学习方式的概念还没有形成统一看法，各学者大都从自己所研究领域出发对学习方式进行界定，从教育学角度出发理解学习方式，即学习方式是学生在学习过程中，为达到某种学习目标而采取的作用于特定学习内容（对象、客体）的具体路径。

学习方式主要由三部分构成——学习主体、学习客体、学习中介。学习主体即学习者本身，学习客体即学习内容，学习中介是学习者获取学习内容的途径。这三方面构成了学习方式，学习主体自身因素、学习内容的不同、学习中介的改变都将改变学习方式的选择，因此这三者也是学习方式的主要影响因素。学习主体是学习方式主导力量，是影响学习方式的根本性内在因素，学习者的知识水平、年龄、学习态度、情感等对学习方式起决定性作用；学习客体对学习方式有一定的限制，不同的学习内容，学习对象适合的学习方式必然是不同的；学习中介是学习方式实现的重要部分，它连接着学习主体与客体，决定着学习者能否有效地获取知识。

学习方式除了受学习主体、学习客体、学习中介三部分影响，还受学习目标、学习环境、教学方法等多种因素影响。因此学习方式是丰富多样的，不是单一的、固定的，并且随着学习内容、学习中介、学习者自身情况及学习环境等因素的变化而改变。在线教育直接影响了学习中介，即学习手段、学习工具，使学生除面对面地学习外，还可以通过手机、电脑等设备使用新技术进行在线学习；随着在线教育的发展，学生的学习资源也会越来越丰富，呈现方式也会从书面文字数据转向更直观形象的形式；在线教育的发展还会影响学习者的学习观念、知识结构，使学习者自身发生根本性变化。

（二）在线学习方式的内涵

依据不同标准，学习方式可以有不同分类，如按学习者在学习中使用的信息媒体不同，分为基于传统教学媒体（如黑板、书本）的学习、基于电化媒体（如幻灯片、投影仪、电视等）的学习、基于现代媒体（互联网、多媒体等）的学习；按学习所面对的对象不同，可分为符号学习、操作学习、交往学习、反思学习、观察学习；按学习资源获取量，可分为集中学习、微学习；按是否有助于学习者的个性形成，可分为标准化学习、个性化学习。在线学习是根据学习者在学习过程中使用的信息媒体而划分的学习方式，是借助互联网、电脑、移动终端等现代信息技术进行的学习。

每一种学习方式维度的划分与其他学习方式类型是相互交叉、相互包含的。众多在线教育平台的出现，使学生可以接触到丰富多样的内容；使学生学习的场所不再局限在学校、课堂；学习的资源呈现方式也不再是书本；学习环境也不一定是真实的环境，可以是虚拟的……学生的学习活动不仅仅是从传统课堂平移到了互联网上，更重要的是，在线教育的发展丰富了学生的学习方式。相对于传统的面对面学习、从书本上学习，在线学习获取资源更便捷，可选择的资源更丰富，因此更能满足学习者的需求。

在线学习是在大数据、人工智能、虚拟现实等新技术支持下，学习者为了获取学习内容、达到某种学习目标，借助在线教育平台进行学习的新型学习方式。

（三）在线学习方式的理论基础

1. 联通主义学习理论

联通主义的起点是个人，个人的知识组成一个网络，这种网络和各种组织与机构的知识相互作用，提供个人的继续学习。联通主义主张知识的联通、重组和再造，在线教育背景下，学习者主要是自己借助在线教育平台进行自主学习，各种知识以碎片的形式呈现在学习者面前，各知识之间相互联系，又以相对独立的形式存在。也就是说，学习者在学习各知识点的同时，需要发挥主观能动性，将各知识点联系起来，进行重组，并与自己已有的知识建立知识网络，构建自己的学习体系。例如，在线教育平台中，某个知识点讲解的是"比喻修辞手法"，另一个知识点讲解的是"拟人修辞手法"，这两个知识点独立存在，但实际上都属于修辞手法，学习者需要找到它们的异同，将其联系起来，并结合已有的相关知识，形成完整的知识体系。

2. 建构主义学习理论

建构主义学习理论认为，知识是学习者在一定的情景中，借助他人如教师、学习伙伴的帮助，利用必要的学习材料，通过主动意义建构的方式获得。建构主义学习理论强调学生的主动性，注重发挥学生在学习过程中的主导作用，教师的角色只是帮助学生完成学习任务，而不是强行向学生"灌输"知识。基于在线教育的学习符合建构主义学习理论，学习者根据自身认知水平或已有知识经验，借助在线教育平台自主选择知识进行学习，通过和教师或其他同时在线学习的同伴进行交流，完成自身知识的建构。

3. 非正式学习理论

非正式学习是指在非正式的学习时间和场合，由学习者自我发起、自我调控和自我负责的偶发性学习。在终身教育观念影响下，非正式学习已不再作为正式学习的补充而存在，而是贯穿于学习者的生活之中，非正式学习在人们的学习活动中占据了重要地位。总的来说，非正式学习是学习者自发性的，学习时间、地点都是随意的，学习者没有明确的指导方针，没有计划性。目前，学习者利用闲散时间进行的移动学习、微学习是典型的非正式学习，学习者的非正式学习充分利用了学习者的碎片化时间，为学习者创造了灵活的学习方式。在非正式学习理论指导下，将来会有越来越多的人采用非正式学习提升个人知识水平。

三、在线学习方式的改善策略

（一）多方合力引导

与成人相比，小学生的年龄较小，自主学习能力、自我控制能力及自我激励能力较低，没有强烈的学习动机。因此教师、家长以及在线教育平台应合力引导、促进学生学习。在线教育平台的课程设计、知识呈现形式应符合小学生的年龄特点、可接受水平等，多开发能激发学生兴趣、学生乐于沉浸其中的如以游戏形式进行的、有奖励机制的学习内容等。

另外，教师在线授课过程中不要单纯地讲解知识点，应适当地与学生进行互动、交流，对学生进行鼓励，吸引其注意力，使学生不会感到自己面对屏幕独自学习的孤单与枯燥。生生之间的合作学习也可以相互鼓励、相互督促，如扇贝英语中陌生人之间可以建立"同桌关系"，只有双方每天都坚持学习才可以维持这种关系，一旦某一方没有学习，"同桌关系"就会破裂，合作学习可以促使学生坚持学习、长久学习。

明确的目标、强烈的学习动机等对学生在学习过程中的专注学习影响很大，因此家长和教师应帮助学生设定明确的目标，激发学生的学习动机，促使学生能够积极主动地学习，家长和教师在平时也应进行适当的监督和鼓励。学生自身是主要原因，学生应坚定信念，提高自制力，在学习过程中集中注意力，克制自己，抵制诱惑，养成良好习惯，必要时关掉其他各种程序，可以与同学共同学习，相互鼓励。

外部诱惑及自身问题的存在容易使学生注意力不集中，不能坚持学习，在家长、教师、在线教育平台及学生自身的努力下，学生的自主能力、自我控制能力一定会有所改善。

（二）转变家长观念

家长不支持学生在线学习，主要考虑的因素就是学生没有独立进行互联网学习的能力，网络中的资源良莠不齐、充满诱惑，学生没有辨别资源优劣能力及面对诱惑的自我控制能力，而且长时间对着屏幕学习会影响视力。家长有这样的担心是很正常的，但不能因此而拒绝学生进行在线学习。家长是数字时代的移民，他们习惯于面对面的传统学习，不能完全适应互联网学习。但是，当前小学生出生在互联网时代，对于他们来说，互联网就是他们生活的一部分，进行互联网学习和面对面学习一样自然。

泰戈尔曾说过："永远不要以自己的学识去限制下一代人的发展，因为我们身处不同的时代"。在线教育的优点是有目共睹的，要想有更多的小学生更好地进行在线学习，必须改变家长的观念。转变家长观念，首先要让家长全面了解在线教育，各在线教育平台应多加宣传，使家长了解其各种功能，了解在线教育所具备的传统教育没有的优点。

在线教育平台可以引导家长试用、体验在线教育平台，让家长切身感受在线教育的质量、在线学习的流程及学习环境等。只有家长对在线教育有了充分的认识，家长才会放心地支持孩子进行在线学习。学校教师也应适当地为家长介绍优秀在线教育平台。

家长对孩子在线学习的担忧是合理的，但不能成为反对孩子进行在线学习的理由，家长要做的是帮助、引导孩子正确地进行在线学习，帮助孩子选择优质资源，适当督促孩子学习，纠正孩子在线学习的不良习惯，使孩子实现有效、高质量的在线学习。

（三）注重师生、生生情感交互

心理学研究表明，情绪情感能促进或阻止工作记忆、推理操作和问题的解决，情绪情

感在学习过程中占有重要地位。任何事物都具有两面性，在线教育使学生足不出户就可以通过屏幕享受到全国乃至全世界各地的优质资源，但学习者在独自面对屏幕的学习过程中，学习者也会产生孤独感。师生、生生的分离使学习者在学习过程中感受不到教师给自己传递信息的细微动作，也感受不到与周围同学共同学习、互帮互助的动力，感受不到浓厚的学习氛围。

基于学生情感缺失的问题，需要教师和学生的共同努力。教师在授课过程中，不要一味地讲知识，应关注到学习者本身，适当地给予他们语言上的、表情上的鼓励，使学生不再感觉只是孤单地面对没有感情的屏幕，而要让学生感受到屏幕里的教师同传统课堂中的教师一样在关注、关心着自己。教师也可以适当地提问题、发起讨论，创设一定的情境使学生在讨论问题过程中、在与他人交流过程中找到存在感。

学生自己也应多主动学习，不能被动地听讲或消极学习，明确学习目标、进行自我激励，主动与其他学习者建立良好的伙伴关系，多交流，共同学习，相互鼓励，使学习者不再感觉是一个人在孤单学习，而是像课堂上那样，和同学在一起学习。

情感问题是一个不能忽视的重要问题，学生的情感是其进行一切活动的基础，只注重知识传授而忽视学生情感的教育不是成功的教育，这样的教育不利于学生良好个性的发展。因此，在迅速发展的在线教育中，一定要重视学生的情感问题，在为学生提供丰富资源的同时也要注意学生自身的内部情感，这样学生才能更高效、更愉快地进行在线学习。

（四）创设适合学生发展的互联网环境

学生进行的在线学习过程完全处于互联网环境中，因此互联网环境的好坏直接影响着学生在线学习的质量。要想为学生打造一个良好的互联网环境，还需要在线教育平台、家长、教师及政府的共同努力。

在线教育平台方面需要做的是减少广告的插入，在线教育的资金来源有内容收费、服务收费、广告商投资等几方面，在当前呼吁在线教育提供免费服务的大趋势下，靠内容、服务收费是远远不够的，维持在线教育的运作主要依靠广告的引入，而过多广告的出现会使学生分心甚至产生厌烦情绪，因此在线教育平台应适当地减少广告的投入。

家长和教师在平时应多帮助学生提高注意力及自制力，引导学生自觉抵制各种诱惑，帮助学生选择优质在线教育平台，在学生进行在线学习时要给予适当的监督，尽可能帮助学生同互联网上的各种诱惑做斗争。

（五）发展混合式学习

传统的课堂学习与纯在线学习有其各自的优势和不足。在线教育资源的呈现方式使知识失去了原有的系统性，学生对知识的重组、建构的能力也有限，并且还存在着学生自主能力较差、情感缺失等问题。而传统教育充分发挥着教师的主导作用，教师对学生的学习内容、学习过程进行组织和监督，方便教师对知识的系统传授。这种课堂教学的优势还表现在面对面学习方便师生、生生之间的交流，使学生相互鼓励共同进步；校园文化、班级文化及教师、学生的良好言行可以促进学生良好情感、人格的养成等。然而传统教育的缺点也很明显，传统教育将学生按年龄划分年级，把一部分学生安置在一间教室并配备各科教师，教师面对所有学生在同一时间以同样的方法和进度讲授知识。

但是，每个学生的需要、理解能力、思维方法是有区别的，教师用统一的方法和进度忽略了一部分学生的能力，使这些学生无法获取本应获取的知识与能力。在线学习的优点就在于，学习者可以随时随地自主控制学习的进度，容易掌握的内容则快进，需要理解消化或需要休息时可以暂停、后退，这样给予了学生很大的主动性。

混合式学习将在线教育及传统教育相结合，弥补了双方各自存在的不足，充分将在线教育及面对面教育各自的优点发挥到最大化。混合式学习是指学生的学习活动至少有一部分是在家庭以外的受监督的实体场所学习；至少有一部分是通过在线教育进行的，在线学习期间，学生可以自主控制学习的时间、地点、路径或进度；将学生学习课程的各种模块结合起来，为学生提供一种整体的学习体验。

也就是说，在混合学习中，传统教育部分应在家庭以外的学校或课外辅导机构等场所，有专门的教师辅导、监督学生的学习，在家里，父母监督或在学校等地方自习不能算是混合学习的一部分；在线学习部分必须在网上进行，学生应该拥有很大的主动性；在线学习部分与面对面学习部分必须都是构成完整学习的一部分，两者不是相互独立存在的，两者相辅相成。

混合式学习完美地摒弃了面对面学习及在线学习存在的缺点，完美地将两者的优点相结合，在保留了在线学习的便捷性、开放性等优点外，不仅解决了知识的系统性问题，对于学生情感的缺失、学生的自控能力等方面也有很好的效果。混合式学习将会越来越得到学校、教师、家长及学生的喜爱。

（六）推进学校系统内的在线学习

目前的在线学习主要发生在课外辅导领域，其功能主要是课前预习、课后补习或拓展

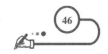

知识等方面，但在线学习了打破时间、空间限制，资源广，有助于学生进行个性化学习等优势，决定了它不应该仅仅作为课后辅助工具，而是应该被纳入学校系统，与传统课堂学习相结合，打破传统教育的封闭性，使学生享受学校系统内的在线学习。

1. 在线教育平台的建设

当前的教育资源较为丰富，教育部在 21 世纪初开展了"一师一优课，一课一名师"的活动，鼓励中小学教师创作优质教学资源，这些资源通过国家教育资源公共服务平台展示给全国中小学教师和学生。虽然资源很丰富，但是学生仅仅能借助该平台观看视频，不能互动，资源也没有针对性。各校也致力于建设自己的资源库、在线教育平台，但这样导致了资源封闭、资源重复建设，浪费人力、财力等，并且学生仍不能在线学习本校外的优质资源。因此，各区县应联合起来打造在线教育平台，这样既能节省人力、财力，又能集中力量推动教育资源均衡发展、打破教育壁垒，推动教育公平。

关于我国基础教育阶段在线教育平台的建设，可以借鉴美国基础教育阶段的虚拟学校在线学习项目，即单学区在线项目由学区创建，主要服务本学区的学生；州立虚拟学校，由立法或州级机构创建，一般由州级教育机构管理，为全州学生提供在线学习机会。

2. 创新教学模式

学校是否使用在线教育平台进行教学决定着学生能否进行系统的在线学习，目前电脑在学校的地位仍是一种教学工具，教师用以备课、查询资料或向学生展示课件，因此学生没有机会进行在线学习。如果学校的管理者能改变课程，恰当地使用电脑进行教学，那么基于电脑的学习才会一步一步地发展起来，颠覆教师们的辅导方式，帮助学生通过自己擅长的智能类型进行学习，并可以让教师给予学生更多的个性化关注。

一方面，学校应开发或引入优质在线课程资源，适当地将一些传统线下课程的学习安排转移到网上，使学生借助在线教育平台完成该门课程的学习，遇到疑问可以同线上教师交流，也可以向学校教师请教；另一方面，学校同步开发线上及线下课程，学生根据需要自主选择进行在线学习或是课堂学习。这样给予了学生很大的自主性，使学生可以根据自己的接受方式自主选择不同授课风格的教师及学习的速度、时间、地点等，并且学生可以接触到更多的优质资源，打破了资源的封闭性；学校的部分职能由在线教育平台完成，可以节省学校及教师的时间及精力，使教师可以更专注于学生的个性差异。

第三节　基于移动终端的小学语文混合式学习

一、混合式学习

（一）混合式学习的定义

混合式学习主要是关于信息技术与课程整合理论知识的建构，是关于教学设计理论的新发展。混合式学习的学习形式是多种多样的，教师和培训教师需要根据学习对象的不同、学习需求的不同和学习情境的不同来进行混合，这样会给打算应用混合式学习来进行课程设计的人提供很多创新的机会。混合式学习不仅在高等教育应用普遍，在基础教育中也应用得比较多。混合式学习就是将传统的学习方式的优势与数字化学习的优势结合起来。混合式学习的核心是使用不同的媒体促进学习者的学习，采用不同的信息传播方式传递学习内容，在学习过程中引导学习者采用不同的方式解决问题，最终达到实现学习效果的目的。

（二）混合式学习的模式

混合式学习一共有四种模式，分别是转换模式、弹性模式、自我混合模式、增强虚拟模式。

1. 转换模式

转换模式主要有以下五种形式。

（1）车轮转换

其允许学生在固定时间转换站点，其中一个站点是在线学习站点，主要应用于小学。也就是说，一堂 40 分钟的课，20 分钟独立或协作学习，20 分钟教师授课。

（2）就地转换

学习者在一间教室或特定环境中，通过移动到不同位置进行学习。

（3）实验室转换

以班级为单位，在一所学校中转换，移动到不同位置上进行学习。

（4）翻转课堂

学生用课余时间在线自主学习，在课堂开展各种探究性学习活动。

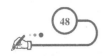

（5）个人转换模式

学生自定步调和时间表来移动，时间表根据一定算法得出，或由教师制定。学生每天的学习日程是根据自身需求量定制的，主要基于自身前一天在线学习平台记录来定制。

2. 弹性模式

给予学生权利与自由，能够自定步调和学习安排。

具体而言，在在线平台上，每个学生在一名教师的指导下选择课程。学生通过学习管理系统开展各种学习。平台会整合学生的课程进度、评价结果、出勤记录以及其他信息。

教师在面对面的课堂教学中提供特定的指导和补充教学。周一到周五参与实体课堂学习，课堂是大型的学习室，包括小型阅读室、小组协作学习空间、网络聊天室、带沙发的社会活动区域、科学实验室。

3. 自我混合模式

学生根据自己的实际情况来选择合适的混合模式。学生可选择一种或多种完全在线课程，利用在线课程作为实体课堂学习的补充。

具体而言，在入学前都要接受在线课程。学生可以在网络休息室中进行远程在线学习，而且在线教师也是面对面课堂教学的教师。

4. 增强虚拟模式

学生自己安排自己的学习时间。面对面授课是必修课，而且学生需要完成其他在线课程学习。

具体而言，在线上，每学期的第一节课，教师为每个学生制定相关的教学与课程计划。学生课程平均成绩达到 C，可以不用去学校，通过在线学习完成每周课堂作业即可。线上提供所有学科的在线课程。

在线下，提供选修的实体课堂，以课堂实践为主。教师根据学习管理系统追踪学生的学习进度。一个班 30 人左右，大多数教师教 2~3 门课。每周教师会对学生这周的表现进行评价，以此规划学生接下来的学习。

（三）混合式学习的内涵特点

第一，实现学习内容的整合。其主要包括以下三点：一是立体化教材，教学资源库、互联网教学辅助资源、课堂上和在线的师生协作交流及学生间的协作互助；二是传统课堂教学；三是知识记忆，题库练习测试、反馈。

第二，学习资源的混合。目前网络上的学习资源有很多种类，既包括教材、参考书，也包括来自互联网、广播、电视传播的学习资源。所以，学习者可通过使用混合式学习资源进行不同的学习任务的学习。

第三，学习环境混合。在混合式学习中，学生不仅可以在真实的物理环境下学习，同时也可以在虚拟的网络环境下学习。

第四，学生可以采用多种学习方式进行混合式学习。学生不仅可在传统课堂上阅读教材、完成习题、与同学进行相互讨论等，同时也可以通过网络进行在线学习。学生可针对不同的学习内容采用最适合的学习方式学习，最终达到最佳的学习效果。

（四）混合式学习的理论基础

混合式学习在现在被看作一种新的学习方式，它强调统一线上和线下的学习，教师根据教学需要安排适合于教学内容的教学方式。在互联网迅速发展的背景下，混合式学习理论的出现有其客观必然性，同时也具有科学的理论基础。只有对这些理论基础有了深刻的学习和认识，才能将混合式学习灵活运用到课堂，与各个学科进行融合，解决教学中遇到的各种问题，最终达到改善教学效果的目的。

1. 建构主义理论

学生不是去被动接受知识，也不是对书本知识进行机械的记忆。学生要被一定的情境吸引，凭借自己原有的知识经验，经过自己的自主探究和与人沟通去构建新的知识，完善丰富自己的知识结构。所以，建构新知识的前提是学生需要具备一定的知识储备。学生就是在自己已有的知识基础上顺应同化新知识。当学生无法成功顺应同化新知识时，就会对原有的知识进行重构，最终在新旧知识之间建立联系，这是建构主义的学习理论中的观点。而建构主义的教学理论认为，在整个教学过程中，教师应一改旧的教学观念，以学生为中心，积极发挥自身的主导性，摒弃陈旧的灌输式教学模式，重视学生已有的知识经验，在学生已有的经验基础上采用全新的教学方式。建构主义强调，教学不应是进行简单的知识传授，而是应该为学生创设情境，促使学生主动探究，在教师与学生、学生与学生的讨论协作中进行交流，加强对问题的认知和理解，对已经习得的知识进行有意义建构，从而形成新的认知。

2. 认知主义理论

认知主义理论与行为主义不同的是，认知主义学习理论并不是机械被动的"刺激——反应"的连接，而是被看作一种过程，是外部刺激与内部的心理相互作用产生的结果。学习者在学习情境中去选择自己感兴趣的问题，利用自己原有的知识进行选择，并同化到原

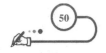

有的认知结构中，最终形成新的知识结构。在当代教学活动中，人们更关注学习者的心理，强调认知规律。随着时间的推移，认知主义不再认为学习是简单的"刺激——反应"的连接，它是包括了加工信息和形成内部认知结构的一个复杂的学习过程，学生在学习过程中通过主动质疑、主动思考获得新的知识。因此，教师应该重视学习者的学习习惯、态度、兴趣等多种因素在基于移动终端的混合式学习中的应用。

3．行为主义理论

这些行为是可以被观察和控制的。行为主义强调环境在个体学习中的重要性，认为学习是刺激与反应的连接。由于行为主义否定意识，人们对于早期的行为主义开始谴责和批评。为了使行为主义走出困境，行为主义者不再坚持陈旧的思想理论，他把行为研究与认知研究结合起来，开创行为主义研究新的领域，被称为新行为主义。

教学是教师的一种行为，但是对于教学来说，如何学习的理论是具有直接指导意义的。学科教学只有与学习理论相互整合，才能取得比较好的效果。在行为主义学习理论指导下，教学应注意以下五点；一是教学目标具体化；二是教学内容循序渐进；三是教学方法程序化；四是教学环境严格控制；五是教学评价外显化。

二、移动学习

（一）移动学习的内涵

移动学习是一种在移动设备帮助下的能够在任何时间、任何地点进行的学习，移动学习所使用的移动计算设备必须能够有效地呈现学习内容，并且提供教师与学习者之间的双向交流。

移动学习在数字化学习的基础上，通过有效结合移动计算技术带给学习者随时随地学习的全新感受。移动学习被认为是一种未来的学习模式，或者说是未来学习不可缺少的一种学习模式。

要想正确理解移动学习的内涵，应该从以下三个方面来把握。

首先，移动学习是在数字化学习的基础上发展起来的，是数字化学习的扩展，它有别于一般学习。移动学习并不是什么新鲜事物，因为在传统学习中，印刷课本同样能够很好地支持学习者随时随地进行学习，可以说课本在很早以前就已经成为支持移动学习的工具，而移动学习也一直就在我们的身边。

其次，移动学习除具备数字化学习的所有特征之外，还有它独一无二的特性，即学习者不再被限制在电脑桌前，可以自由自在、随时随地进行不同目的、不同方式的学习。学习环境是移动的，教师、研究人员、技术人员和学生都是移动的。

最后，从它的实现方式来看，移动学习实现的技术基础是移动计算技术和互联网技术，即移动互联技术；实现的工具是小型化的移动计算设备，或者是 AI 设备。

（二）移动学习的特点

和传统学习方式相比，移动学习并不是将所有的信息电子化，而是优化了过去的学习和评估流程，用更加科学、高效、方便和个性化的方式辅助学生的学习过程。

1. 学习管理系统和授权工具

学习管理系统常用于管理和控制与学习相关的一切过程。学习管理系统不仅仅可以上传课程资料、管理班级、评估个人或小组学习目标的实现、追踪个人学习目标的达成，更可以在宏观上管控整个班级、年级甚至学校内的学习过程。学习管理系统通过授权学生登录相关的课程和信息，保证每位学生都可以享受到平等的教育资源。对学生来说，学习管理系统的使用可以帮助他们完成互动、提问、管理学习资料，他们也可以通过学习管理系统了解自己、分析自己的技能、追踪自己的成长，并且获得相关的报告。在美国，数位教学平台就是一个很常用的学习管理系统，并且提供了网页版和移动应用，使学生可以随时随地登录系统完成学习任务。

2. 基于游戏和模拟器的学习工具

游戏和模拟器对于学生的吸引是毋庸置疑的，由于安卓系统的出现，很多高质量收费游戏不再有版权限制，使得一些没有消费能力的学生也可以玩到各种优质游戏，在某种程度上也提高了游戏对学生生活的影响。如果我们可以将游戏运用到学习中去，让学生可以在快乐中完成学习目标，其学习效果也就可以获得提升。

3. 互动合作工具

互动合作是移动学习中的重要环节。虽然在课堂或电脑上也能实现互动合作，但移动设备可以允许学生在大群组中使用多种方式创造、分享和讨论相关信息，并且保证信息传递的及时性。互助合作工具常常和学习管理系统绑定在一起，帮助教师、学生和家长保持即时沟通，了解学生的需求。在以学生为中心的学习环境中，教师、学生和家长的互动合作可以有效帮助学生提高学习成绩。

4. 适应性评估工具

通过移动设备，教师、家长和学校管理者都可以即时获取和学生相关的评估数据。由于移动设备可以追踪学生每一秒钟的行为，所以教师、家长和学校管理者可以立刻了解学

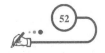

生在课堂中的进展和即时需求，并为学生提供最合适的帮助和资源。

5. 远程辅导和作业帮助

远程辅导和作业帮助在韩国和日本非常风靡。由于移动设备接入互联网的速度快、质量高，所以学生可以通过视频、音频、图片等方式和辅导员实现即时沟通。在国内由于网络的限制，实现远程辅导和作业帮助存在一定困难，但高速家用互联网和 WiFi 路由器的普及在一定程度上解决了这些问题。学生可以使用移动设备进行互助辅导和作业帮助，也可以预约收费家教，方式灵活且没有技术限制。

6. 移动学习的 4C

移动学习是基于个人电子设备，并在多种环境以及社会化和内容互动下的学习，我们可以看到研究者在定义移动学习时，强调了社会化互动和内容两个方面。于是，奎因基于移动学习的定义，提出了四个 C，即 Communicate（沟通）、Content（内容）、Compute（计算）和 Capture（捕获）。也就是说，移动学习包含了内容的利用、移动设备计算能力的高低、利用设备和其他人进行沟通的能力以及捕获自身的环境，如视频、音频、地址、时间等数据。奎因在后来又加入了第五个 C，BP Combination（组合）。组合是一个复杂的概念，奎因将其解释为如何把前 4 个 C 所带来的信息转化成学生的学习经验。

（三）基于移动学习的学习理论

研究者们定义移动学习不过数年时间，移动学习也还是一种相对新的学习方式，所以目前对移动学习相关学习理论的研究并不完善。由于目前缺乏移动学习相关的定量研究，主流学术界认为，活动理论和修正后的对话框架可以支持移动学习。

1. 活动理论

活动理论主要从文化背景和技能方面研究个人的意识能力。活动理论主要包含了四个主要定义：首先，个人作为现实中的一分子，从广义上来说是一个客观目标。其次，内部活动和外部活动是有关联的。内部活动没有外部活动的配合是很难分析的，并且内化是外部活动的一种转化。外化则是内部活动向外部活动的转化，如果内化活动需要延伸，外化就一定存在。再次，活动理论认为工具调节了人类活动。工具在人类活动的发展中不断创新和转化，并且工具会和特定的文化（发展历史）相关联。所以，使用工具的过程可以看作一种社会知识的转化和积累。最后，在活动理论中，发展不仅仅是目标，更是一种研究方法。研究者通过研究对象的发展来确定一些活动是否有价值。

2. 关联理论

除了活动理论外，关联理论也可以作为移动学习的一个补充。西门子认为，新的科技时代中知识的习得不再是一个线性过程，学习经验的核心是学习者，而不再是教师或学校。而科技可以将学生相互关联，管理充斥着信息的环境并创造新的知识。学生对知识的学习不再是死记硬背，相反，有效的定位和过滤性信息变得更为重要。在这个过程中，学习者关联信息和资源的能力非常重要。由于移动设备的帮助，学习可以发生在任何时间和地点。

总结用在移动学习上的学习理论可以发现，移动学习不仅仅是移动设备和学习者之间的整合，还为学习者提供了充足的信息环境和互动空间，强调了学习者内部的变化和外部变化之间的联系。为了确保学习的发生，学习者必须学会利用这些信息环境和互动空间，这也就使教师在学习过程中的位置发生了改变。

三、移动终端混合式学习的实践模式

根据学习方式、学习策略、教学模式的不同，我们大致可归纳为这几种不同类型的混合方式：移动学习方式与传统学习方式的混合；自主学习与合作学习的混合；翻转课堂与传统课堂的混合。

（一）移动学习方式与传统学习方式的混合

学生在课堂上的学习内容部分是采用移动学习方式与传统学习方式相组合的学习方式，课外的学习以移动学习为主，传统纸质学习材料辅助学习。传授方式不再局限于课堂上仅仅依靠多媒体设备进行教学，还可以利用移动终端进行课堂互动、及时反馈，课下随时随地进行学习。

（二）自主学习与合作学习的混合

自主学习与合作学习的混合是教师教学方法的一种混合。学生除了可以独立进行移动学习，也可借助移动设备与其他学习者一起进行远程的小组合作学习。例如，教师布置的家庭作业除了需要独立完成的部分，还有需要小组合作讨论的部分，那样可以在移动教学平台中创建话题讨论组进行学习任务的交流。教师可根据学习者需要学习知识的具体内容和学习者近期的一些对知识的掌握情况进行自主学习和合作学习的选择组合和调整。

（三）翻转课堂与传统课堂的混合

这是教师教学模式和教学方法的一种混合。翻转课堂作为一种新的教学模式，最初指的是学生在家观看学习视频进行自主学习，在课堂上主要负责提出观看视频后发现的一些

学习问题，获得对问题更深层次的理解或与他人讨论解决问题的方案，而教师则采用讲授法和协作法来跟进学生的学习需求，达到帮助他们实现个性化学习的目的。后来翻转课堂演变为学生回家自主学习相关学习材料，这种学习材料不仅仅是指视频内容，也可以是其他形式的学习材料。对于基础教育中的小学学段，并不适合采用翻转课堂，因为除了家长要时刻监管好学生使用移动终端设备以外，还要求教师能够通过设置问题、安排学生之间的讨论把握学生的学习情况，教师根据学生完成作业、项目的情况来分析了解学生的学习效果，而如何保证学习效果的提升，目前也是家长们关心的核心问题之一。所以在小学语文课的教学方法上，我们将翻转课堂与传统课堂进行结合，根据学生学习内容以及课程设计需要把握的重难点选取合适的教学方式进行教学。

四、基于移动终端的混合式学习教学策略

（一）前期准备和分析

1. 学习者特征

学习者特征是指对于学习者的学习产生影响的心理、生理以及社会特征，也就是指学习者的个性因素。

2. 小学语文学习内容分析

在小学的所有基础学科中，语文学科是极其重要的，它为其他科目的学习奠定了语言基础。它所特有的工具性与实用性是其他学科不可替代的，语文可以很好地培养学生对事物的理解能力和语言表达能力。小学语文的读书、写字、作文、讲话等都是语文的实践应用的内容。由于现在小学没有了小升初考试的压力，学校学生没有升学压力，于是对分数也没有硬性的要求，教师讲课更加的灵活自如，但是阅读教学、作文讲解还是比较枯燥。如果是六年级语文教学，应注重对文中的重点生词句的理解、相关知识的介绍、重点问题的思考、精彩细节的讲解、人文情怀的阐述、具体写作手法的提示。

3. 学习目标分析

以小学六年级为例：

小学阶段六年级学生具体的语文学习目标如下。

第一，提高默读课文的速度，进一步学会浏览课文。学生在预习时先默读课文，了解课文所讲述的内容，对文章有一个大致的了解，再进行细读课文，理解课文的写作顺序。

第二，体会词句的感情色彩和表达效果。在阅读学习中，学生需要边读边想，仿照旁

批，联系上下文，体会词语的表达效果。

第三，欣赏文学作品，有自己的情感体验，品味作品中富有表现力的语言。精读课文后注意引导学生品味生词，让他们谈谈对优美词语的理解。

第四，了解课文中涉及的重要作家的作品知识和基本的文化常识。学生自主学习教科书后面一组文质兼美、体裁多样的文章，可以为学生日后的学习打下良好的基础。

第五，学生在写作水平上有比较大的进展，能强化基本的写作水平。学生通过对本学期的各类文章的学习，可以达到提高文学修养、积累语文写作知识的目的，为以后更高阶的写作打下良好基础。

（二）基于移动终端的混合式教学模式构建

在小学语文的实际教学中，整个教学活动的实施不单单只有线上的学习或线下的学习，它包括多种学习方式，这些学习方式是相互渗透结合、根据学习的需要交替进行的。基于移动终端的混合式教学设计模式构建主要涉及线上和线下学习活动设计、移动学习资源设计、学习过程设计、学习评价设计这四个方面的设计。

1. 线上和线下学习活动设计

小学六年级的学生处于青春期过渡期，对于六年级学生实施的教学过度采用单一的教学方式，会降低他们的学习兴趣和学习热情，且小学语文的教材本身包含多方面的学习内容，如朗读、阅读、写作、听说等。混合式学习在宏观的层面上是指传统课堂与网络学习相结合的学习，中观层面是指多种教学形式相混合，微观层面是指多种教学媒体辅助学生学习。所以，要想真正的发挥混合式学习的教学优势，我们不应该局限于某种单一的教学形式下的学习模式的应用，更要自然衔接好传统教学与移动教学，使混合式学习更有效地运用到课堂中去。设计了小学语文教学中的混合式学习模式，即教师安排好课堂传统授课时间，无缝衔接移动终端设备教学内容，整个过程不应该反复转换授课方式，而是应该根据需要设置课程，在发挥传统课堂优势的同时也发挥移动学习的优势，且不应该反复收起终端设备和拿出终端设备干扰教学。小学语文教学中混合式学习模式主要包括传统课堂教学部分、移动终端辅助教学部分、移动终端辅助课外学习部分。

（1）传统课堂教学部分

课堂教学中，我们可分为甲乙两部分，如果移动终端辅助教学活动中教师没有要求学生提交学习成果的话，那么甲部分可以用"复习旧知识"或者"课前预习"来代替。另外，教师可以利用传统授课方式为学生讲解新知识、给学生做疑难解答、指导学生小组协作学习等。

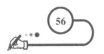

（2）移动终端辅助教学部分

教师在备课端提前上传好教案，课堂上给学生提供用于课堂学习的学习资源，教师提前上传好需要讲解的课堂题目，推送到学生的移动终端上，后台经过统计分析把结果反馈到教师的终端设备，课堂上学生可以实时共享学习资源和成果。

（3）移动终端辅助课外学习部分

教师在移动终端上向学生布置预习作业，学生在手动收集资料的同时也可以上传与同学和教师分享的学习资源。学生除了进行纸质的材料阅读，还可观看教师分享的微课视频，而教师可通过移动终端了解学生预习的情况和学生的作业情况，从而调整第二天的课堂教学。

2. 移动学习资源设计

（1）移动学习资源的内涵

学习资源在教育技术的研究领域里是一项十分重要的课题，高质量的学习资源是奠定有效教学活动的基础。移动学习资源是指能够帮助个人进行有效学习和操作，可以用到的一切资源。

（2）移动学习资源的设计原则

我们可以根据移动终端的特性，总结我们在移动学习资源的设计过程中需要遵循的原则。

第一，应该根据不同类型学习者的不同学习需求选择学习资源的内容。什么是有意义的移动学习资源，究竟哪些知识内容比较适合设计并制作为移动学习资源，对于学习者真正的需求是什么，这些都是十分重要的参考依据。

第二，学习资源的设计要把握一个十分重要的核心特点，那就是资源使用的便利性，除了需要考虑帮助学习者更加便捷地获取资源，我们进行学习资源的设计时，需要充分考虑学习者的学习行为习惯，然后针对不同特点和需求的学习人群向学习者提供不同的资源。

第三，我们做资源设计时应该考虑资源是否能够进行交互设计。在学生离开学校后，很多时候周围没有其他学习者，也没有教师指导，往往学习问题得不到及时解答，而仅仅是纸质的静态学习资源没有办法实现学习内容个性化交互，学生学习变得十分乏味，也会让学生丧失学习的兴趣和与人分享交流学习的快乐。

第四，教学策略需要融入学习资源的设计中去。学习资源设计需要考虑尽量去吸引学生的注意力，且要不断给予可以激发学生积极参与学习的持续刺激与反馈。与此同时，我们还可以创建一个轻松愉悦的学习环境给学习者，使学生能够积极主动地投入学习中去。

第五，学习资源的组织形式不应过于繁复，应保持简洁明了的特点。学习资源的设计不应过于繁杂花哨，让学习者注重知识的学习和吸收，注重知识的深度和质量，而不是在界面的欣赏中，这也是网络学习资源设计的一般性的原则。

3. 学习过程设计

（1）学习准备阶段

学习的准备阶段主要包括设计好适当学习目标和学习内容，对学生可能达到的学习情况进行预期的评估以及积极营造良好的学习文化氛围，学会解读课标与课标内容所规定的三维目标，对课堂的教学流程进行详细的设计。在课程开始之前，也要对学生的学习具体情况做一个了解，从学生的需求出发设计激发学生学习兴趣的相应策略。

（2）知识建构阶段

在知识构建阶段，教师可根据课前预习情况或者作业情况的反馈结果，选择需要补充的知识或丰富学生已有的知识背景，这样可以使学生把自己原有的旧知识与新的知识相联系，达到更好的理解新知识的程度。除此之外，利用丰富的信息化资源，教师可帮助学生实现自主探究，促进新知识的获得。

（3）知识的迁移与应用阶段

在知识的迁移与应用阶段，教师首先需要引导学生通过变化式的练习将知识迁移到其他学习内容上，并通过各种各样的练习，帮助学生牢固掌握知识。此外，教师还需要引导学生把已经掌握的知识迁移运用到解决实际生活遇到的问题中去。

（4）评价与创造阶段

在学习过程的最后阶段，教师需要培养学生的评价学习的能力及创造性思维。当学生对他人和自己的学习成果进行评价时，教师应该鼓励学生这种行为，这样能够帮助学生提高对事物的评价分析能力，而且在进行评价的同时，教师需要引导学生改进自己的学习成果，使学生创造性地运用所学知识解决具体问题。除此之外，教师还需要引导学生对自己的整个学习过程进行自我反思，记录学习过程中的问题和不足，加以纠正，这有助于学习内容的长久保持。

4. 学习评价设计

实践中，可在课前新课预习、课中新课讲解、课后巩固复习等学习过程中，通过学生之间的自评、移动教学平台数据评价、教师点评、同伴的组间互相评价和小组内部互评等方式来促进学生的有效学习。

（1）评价设计的目的

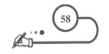

我们设计学习评价是为了促进学生各方面学习能力的提高。在基于移动终端的混合式学习的教学实践中，学生在课前学习的阶段与教师处于相对分离的状态，课前很多的学习活动的安排，教师是没有办法实现实时监控的。对此，教师可根据移动终端上的信息反馈进行有效的约束机制和监控机制，这样就可保证学生在课前进行预习学习部分的学习质量。课中，教师在课堂上要对学生进行更加全面的评估，同时根据学生的学习情况改进教学策略。课后，教师应根据学生的答题情况及在线提出的问题，评价学生的学习情况。

（2）评价设计的原则

第一，需要保证教学评价与整体教学的统一。我们需要将教学评价置于整个教学过程中，由于教学目标的不同，需要采用多种不同的评价手段和评价形式，在课前、课中与课后等三个教学环节适当的诊断反馈，更加准确地了解学生的学习情况，起到关注学生学习过程的作用。

第二，根据多元化的学习内容来进行学习评价。对于学生的学习评价，不仅要涉及各个学科知识的掌握，还要涉及学生的各方面能力，以及情感、态度、价值观等的发展情况。

第三，多元化的学习评价主体。在整个学习评价的过程中，评价主体主要包括学生、教师、学生家长等。教师作为评价的主体之一，需要发挥自身的主体性，除了需要主动对学生做出客观评价外，还要组织有效的小组评价和学生互评，同时也要积极引导学习者进行真实有效的自我评价。评价最终是为了促进学生学习，所以所有的评价都需要学生通过自我反思及时自我改进来实现各方面的提高。由于移动终端上配备了家长端，所以学生家长参与学生的学习评价也是十分必要的，家长将学生在家的学习情况向教师进行反馈，帮助教师更加全面地评价学生。

第四，多元化的评价方式。评价方式可使用传统的口头评价方式或者书面评价方式，同时还可以借助信息化教育的手段，采用传统评价与网络学习评价相结合的方式进行创造性的集体反思和个人反思。

（3）评价设计的方法

第一，课前预习内容的学习主要以教师辅助学生自评的方式进行。课前预习自主学习阶段有两个学习评价的目标：一是教师可以根据移动终端反馈的信息督促和检查学生进行自主学习的任务完成情况；二是教师终端的反馈信息引导学生反思自身学习的方法、努力程度和学习效率等。教师可借助移动学习平台督促和检查学生的学习完成情况，及时查看学习轨迹，根据移动学习平台上的数据反馈，及时了解习题检测结果和学生的学习记录，获得学生的学习进度和效果，这样可以为教师后续的课堂教学提供重要参考。

第二，课上采用"教师评价为主、同伴之间互评为辅"两者相结合的方式对学生课堂的学习效果进行评价。教师需要帮助学生明确学习任务，用表格量化小组间的互评，且告诉学生评价结果的作用，且评价表格内容需简洁明了，评价内容不宜过多，以免耽误正常学习进度。这样既让学生获得了学习评价的主动权，又能发挥学生的主体性，学生可在评价的过程中提高评价的能力。当各组完成讨论后，教师可以当场对学生小组讨论中碰到的问题进行评价，强调需要注意的关键知识点，肯定学生讨论中有效的方面，及时指出存在问题的部分。

第三，课后评价方式主要以教师评价和家长评价为主。教师根据学生回家后的作业反馈情况和家长当天在家中向教师的反馈来综合评价学生的学习情况。教师得到反馈后，根据综合评价情况进行新课的教学调整，这样可尽量保证教师有针对性地教学。这样既提高了教学效果，同时也可以协助教师准确把握整体性的教学进度。

第四节　基于大数据技术的小学语文个性化辅导

一、小学语文个性化辅导平台

（一）小学语文个性化辅导微课平台

1. 微课辅导的内涵

微课是微型教学视频的简称，指在信息化环境中，为满足人们个性化学习的需要，针对某个知识点（重点、难点、疑点等）或能力点（拼读、查字典等），以及教学主题（含活动、任务），由教育工作者精心设计并开发的、以微型教学视频为主要载体，包含辅助资源和学习支持服务的，适合学生学习的新型网络课程资源，是集中说明一个问题的小课程。微课辅导是指教师运用微课视频对学生不能掌握的某一知识点、能力点等进行辅导，或者学生自主运用教师做好的微课视频进行自主式辅导。

2. 微课辅导的优势

微课辅导的优势主要体现在以下三个方面。

第一，微课辅导突破了时间和空间的限制。个别辅导对于语文教学来说是非常重要的，虽然我们力求课堂的效率，但是学生的学习能力是有差异的，掌握程度也是有差异

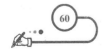

的，每次作业批改后的辅导以及总复习阶段对学生进行查漏补缺的辅导都是非常花时间的。教学时或教学后，教师花费长时间教导个别学生的同时，会浪费大部分学生的时间，既耽误了大部分学生的学习时间，又消耗了教师的精力与耐心。时间长了，学生和教师的兴趣、态度和精力都会受到极大的影响，从而产生负效果。而且，传统的一对一辅导只能局限于学校这个空间和学生上学这段时间，其实过于集中的时间和空间，对于学生来说没有充分的思考过程，辅导的效果并不明显，而且还会使学生产生厌倦感。而有了微课辅导，学生对于没有学会的知识或者需要提高的地方都不需要等待教师进行当面的辅导，只要教师、家长或学生意识到哪些方面不足，就可以随时通过点播所需的微课进行学习和辅导。例如，学生发现自己对上课所学的知识点还不太理解，就可以通过 iPad 点播教师录制的视频，进行自我辅导。对于课后练习中出现的错误，学生可以通过微课平台中的错题分析视频进行辅导，这样错误可以及时得以纠正。与此同时，如果学生在回家做作业中遇到了难题，以往都要靠家长手把手辅导，而且家长之间的辅导差异是非常明显的，由此学生的掌握程度也有了明显的差异。而有了微课平台之后，学生遇到了难题，就可以通过点播微课平台上教师预先上传的微课进行自我学习。

第二，微课辅导促进了学生学习方式的转变，是学生对所学知识结构的再认知。学生的语文学习过程是学生把自己积累的语文知识通过认知活动，转化为个体头脑中的知识结构的过程，就是学生结合自己的认识，通过联想、知觉、记忆、感觉、思维等认知方式，把它转变成一个自己认知的整体结构。面对面的个别辅导总是会出现教师的主观认识强加于学生的认知过程的问题，当学生的理解深度和广度未达到时，学生便不能当即就掌握这一知识，在这种情况下，个别辅导就不能产生预期的效果。而通过微课进行辅导，由于微课只是知识传授的载体，学生通过移动终端或电脑网络可以根据实际情况随时进行自主学习，所以可以解决学习过程中遇到的困难，变被动认知为主动认知，提升了学生的学习主动性。微课辅导使学生成为知识的探索者，可以根据自己的理解程度反复观看视频内容，促进认知结构的形成，这种反复的再认知是传统辅导方式所不能给予的，却是最为有效的辅导方式。在这样的过程中，学习不再是一个被动的过程，完全是一个主动的过程。学生在轻松、愉悦的环境中，学会自我管理学习、自我调节学习、自我监控学习、主动探索学习，从而形成良好的学习品质。

第三，微课辅导促进学生学习兴趣的提升。个性化辅导中一个重要的目标就是要培养学生的学习兴趣，提高学生学习的主动性。微课是一节课的精华部分的浓缩。对于小学低年级的学生来说，注意力集中时间一般不超过 10 分钟，如果教师进行长时间的教学，学生的学习效果就会递减，而一节微课的时间一般在 10 分钟以内，因此，学生可以非常专注地进行学习，学习效率自然非常高。同时，微课的形式多样，除了讲解示范类的，还有游戏学习类的，对于学生来说，也提高了其学习兴趣。微课所能辅导的范围也非常广，语文学习中的识字写字、阅读理解、写话交际等的难点，知识、技能上的难点都能通过微课给予学生更有针对性的指导。

（二）小学语文个性化辅导微信平台

1. 微信辅导的内涵

随着网络时代的发展，各种网络交流软件占用我们生活的大部分时间，尤其是微信的使用。电子软件的应用范围非常广泛，大部分人都会使用微信。微信不仅能够满足人们利用普通交流软件进行文字式交流，还有语音、图片、视频等多种交流模式，极大地满足了现代人的交流需要。而且，其消费低，流量数据也较小，因此受到了大众的青睐。微信可以使我们更加了解彼此的生活，拉近我们之间的情感距离，通过群聊可以多方同时交流，分享生活的喜怒哀乐，利于人际关系发展。谈到这里，把微信运用于教育领域，特别是把微信与小学语文教学辅导相结合，学生则更愿意真实大胆地表达自身想法，随时与教师进行交流。其不受地域限制的特点，使得教师可以跨国度进行辅导。微信可以改变小学语文课堂及面对面辅导的枯燥无味，丰富小学语文辅导形式，提高教学和辅导质量。

2. 微信辅导的优势

第一，利用微信的即时交互功能，了解学生在家学习情况，并给予适当指导。微信最大的特色就是其即时交互功能，因此教师可以跟个别需要关注的学生建立微信互通，了解学生在家学习的情况，给予学生学习习惯、技巧方面的指导，以及解答学生学习中遇到的困难。同时，通过师生的微信沟通交流，还有助于教师把握教学重难点，制作微课，同时在课堂教学时重点讲述此问题，帮助学生掌握重难点。由于微课所指导的问题是真正来源于学生的，因此学生也会特别认真地听课，这样就提高了听课的效率。另外，针对低年级的部分拼音拼读能力、朗读能力较弱的学生，教师可以通过一对一微信交流，倾听其初读情况，指出其问题所在，通过语音亲身示范，给予学生指导和帮助。

第二，利用微信朋友圈分享学习过程及资源，增强学习信心。微信还有两个很大的优势：一是微信可以通过图文、视频等方式记录、展示；二是微信朋友圈可以展示所见所闻所感，同时为其点赞、点评功能也能让朋友之间产生更多互动和共鸣。首先，教师可以引导学生利用微信朋友圈展示自己的学习成果，增强其自信。例如，学生朗读得比较优美的古诗、课文，讲得比较精彩的故事，都可以通过微信小视频记录下来，分享到朋友圈。相信得到同伴和其他家长，包括教师的点赞和点评之后，学生朗读的积极性会更高。同时，对于低年级的学生来说，写话能力不足，通过微信朋友圈的图文记录功能，可以让学生及时将自己的所见所闻所感与同学、朋友进行分享，教师也可以通过点评、点赞的方式给予学生鼓励和指导。

第三，利用微信公众号，打造一个班级语文微信公众平台，实现资源共享，展开交流表达，为学生创设一个课外学习、交流的好去处。例如，将班级中优秀的写话作品，根据主题集结成一册，配上图片，展示在微信公众号中，还可以将班内学生的美文朗读编辑成一个音频，放在微信公众号中，供学生之间互相学习、交流，拓宽视野，促进学生的发展。同时，将一些优秀的家庭教育文章放在公众平台，提升家长的育子理念。微信群作为一种大家喜闻乐见的沟通方式，便利了人们的生活。在新课程改革的要求下，将微信与语文教学和辅导相结合，使得对学生的拼读、课文朗读的指导，写话的指导，学习习惯、方法的指导，以及难点解答等变得十分便利和高效，对于学生的成绩提高和自信发展有着很大的帮助。

（三）小学语文个性化辅导 QQ 群互助平台

1. QQ 群互助平台的内涵

学习共同体是一个现在非常流行的词汇，也可称为"学习社区"。它以共同学习为载体，呼吁成员共同学习，全面成长。其强调在学习中，以成员间相互帮助的学习观作为指导，通过学生间沟通交流、分享学习资源互为影响、相互促进的学习集体。它与传统的自然班级的不同之处在于，它强调人际心理相容与沟通，教师与学生、学生与学生共同交流与合作，共同建构知识，共同学习、进步。在沟通交流之中，学生可以从不同角度理解问题，重新组织思路，形成进一步的想法，进行更深层次的学习。它与以往的小组合作学习有一些关联，同时它又是对小组合作学习的超越。主要表现在以下三个方面：第一，在活动区域方面，学习共同体较小组合作学习更具广泛性；第二，在学习目标方面，学习共同体较小组合作学习更具有全面性；第三，在参与者的心理方面，学习共同体较小组合作学习更具凝聚力。因此，我们在实验班建立的是小型的学习共同体，而不仅仅是合作学习小组。每一个学习共同体都有自己不同的目标，也都有相同的目标——帮助学习较弱的同学，同时发展自己。在建立了小型学习共同体的基础上，教师引导每个共同体建立一个 QQ 群，方便互助交流，增进情感，从而建立起小学语文个性化辅导 QQ 群互助平台。小学语文个性化辅导 QQ 群互助平台依据学习共同体理论，初步构建互惠共享的新型教学关系，打破时空束缚，充分发挥延伸指导的作用，促进学生间的积极讨论，弥补了 45 分钟课堂教学的不足。

2. 小学语文个性化辅导 QQ 群互助平台的优势

第一，利用 QQ 群互助平台共享文档、视频等功能，帮助学生快捷获取学习资源。QQ 群具有十分强大的功能，分别是聊天、语音、视频、远程协助、文件共享、网络硬盘、QQ 空间、邮箱等。师生通过 QQ 群互助平台共享文件夹、网络硬盘等功能，可以分享图片、视频等课外资源，打造一个个性化、有针对性的语文学习社区。例如，学生可以挖掘网络语文学习资源，在群中上传自己为个别同学做的辅导微课、语音、视频、图片，供其他同学下载学习。同时，学生也可以将自己写的优秀范文放在 QQ 群中，给写作水平不高的学生提供写作的思路和借鉴。总之，通过 QQ 群的资源共享，可丰富学习资源，提高学习效率，增强学习效果。

第二，通过 QQ 群互助平台，团队共研，共同辅助交流。课上教师没有充分的时间对学生答疑、解惑，课下学生在 QQ 群中则可以通过同伴之间的交流互助得到答疑解惑。有时候，低年级的学生在家进行预习时会遇到一些困难，这时也可以通过 QQ 群获取帮助。QQ 的实时交流弥补了语文教师上课不能展开充分互动的弊端。另外，QQ 群互动平台的建立，语文小型学习共同体的组成，使得在 QQ 群中实现了生生之间的交流与帮扶，增进了学生之间的情感交流，使得团队更加具有凝聚力，同时也有利于提高学生的学习成绩。对于个别操作电脑有困难，或者学习比较弱的学生，同辅导群的同学还可以通过 QQ 远程实时操作对方电脑的方式进行指导。

QQ 群互助平台不仅是学生学习及互相帮助的场所，同时教师、家长也可以通过网络参与到学生的学习中去，建构相互学习关系，促使学生、教师、家长一起成长。运用微课辅导平台、微信辅导平台及 QQ 群互助平台来加强对学生的个性化指导，是在自省和肯定当代学生学习特点的基础上进行的，并不是一味地迎合他们的想法。

二、大数据环境下的小学语文个性化辅导策略

（一）利用数据分析平台，进行小学语文学习诊断

个别辅导是教师工作的一部分，是课堂教学之必要补充。个别辅导包括学习矫正、心理辅导、学习诊断等。因此，在进行个别辅导前，教师首先要分析学生各方面的情况，找到问题症结所在，进行对症指导。在传统的个别辅导中，教师需要查看学生的各种作业，以及以往的测试试卷，才能对学生的学习情况有所了解，但是这一定会花费教师大量的时间和精力。

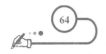

不过，在大数据环境下，学生的学习就可以运用电子的方式进行记录，并且通过数据分析平台对学生的学习进行全方位的分析，形成分析结果，从而得出最佳的辅导策略，进行最有效的辅导。这大大减轻了教师的工作量，提高了教师的工作效率。

1. 利用数据分析平台诊断小学生的语文学习兴趣

根据小学低年级学生的心理特点和认知特点等，对小学生语文学习影响较大的一个指标就是语文学习兴趣。作为语文教师，常常可以发现那些语文学习中最需要进行个别辅导的学生总是那些对语文学习不感兴趣的学生。因此，在进行辅导之前，教师先要了解学生对语文学习的感兴趣程度，只有了解了学生的感兴趣程度，才能够对症下药。

2. 利用数据分析平台诊断小学生的语文学习习惯

培养学生良好的学习习惯是小学阶段最重要的教学任务之一，对学生的一生发展起到非常重要的作用。学生良好学习习惯的养成，不仅决定了知识掌握的快慢、多少，而且对其各方面的发展都会有益。因此，掌握学生语文学习习惯方面的情况，在个性化辅导中注意引导学生养成良好的学习习惯，对于学生的语文学习是大有裨益的。

3. 利用数据分析平台诊断小学生语文学习知识的掌握情况

学生对知识的掌握情况是衡量教师教学和学生学习的有效性标志之一。对于小学生的语文学习知识掌握情况，我们可以运用数据分析平台来判断其掌握与否，从而更好地为提高教学有效性服务。

数据分析不仅能让教师了解学生存在的问题，从而查明学习失误的原因，并采取有效措施进行优化，对学生易错、易混淆的问题也可以通过跟踪分析、微课辅导等方式——击破。

（二）利用微信平台，定制小学语文个性化辅导

在传统的环境下，一对一的定制辅导，对于在校教师和学生来说几乎是不太可能实现的。对于教师来说，时间和空间不允许，教师在校时间不仅需要上课、批改作业，还要忙于备课、听课和教研等自我专业发展的事情；校外时间，教师同样需要处理家庭生活中的事件，陪伴家人、孩子，因此无法在校外时间对学生进行补课，更不可能给予需要辅导的学生更加个性化的指导。而一些家长因为专业知识不匹配，无法提供给学生有价值的查漏补缺，他们往往寻求同样不专业的校外辅导机构对孩子进行辅导。因此，教师可以充分利用微信的时效性，给予学生一些定制式的辅导。

1. 微信互通，即时回复

对于定制辅导的对象，教师需要加其家长的微信。这样一来，学生一旦出现语文学习

上的问题，家长可以及时发微信，教师及时回复，让问题解决更加快速、更有实效性。家长与教师及时互通情况，学习新知识之后，教师便可以将学生在课堂上的表现情况、掌握程度等通过微信传递给家长，以便家长了解学生在课堂上的学习情况，这样的方式对于一些学习习惯、学习方法都需要辅导的学生特别有效。同时，学生家长也可以将学生在家的学习情况通过同样的方式传递给教师，便于教师了解学生在家的学习习惯和学习效果。对于低年级的学生来说，每天的口头朗读、背诵等家庭作业就可以通过微信进行反馈和指导。

对于低年级的学生，在日常的课文朗读中，由于识字量较少，掌握的词汇量也较少，加上对句子结构不熟悉，而且还未很好地发展起内部言语来，因此读课文时会出现读破句、停顿不当的情况。另外，由于个别学生的口眼协调能力较弱、专注力不足等原因，也会出现添字、漏字的情况。这些问题都不利于学生朗读能力的发展、语感的发展。因此，指导好低年级学生的朗读，对于学生今后的朗读能力、阅读理解能力，甚至写话习作能力的发展都有很大的好处。因此，利用好微信的语音功能，及时地对学习水平不高的学生进行指导，是非常有必要的。

2. 表达童趣，乐于辅导

微信的辅导回复主要通过语音和文字。因为我们的辅导对象是小学生，他们的思维还处在形象化向抽象化转化的过程中，所以回复的语言文字要注意童趣，做到简练易懂，这样才能便于学生理解，同时也要注意不同的问题要有不同的表达方式，这样才能更有效地引导学生理解。教师还可以引导学生利用微信，随时记录下生活中的所见所闻所感，推送到微信朋友圈中，教师也要及时对学生的微信进行点赞、评价，这有利于激发学生搜集生活中的写作素材。教师在微信点评中也要特别注意表达的夸张和童趣。例如，教师在鼓励一位学生运用比喻句写他看到的太阳时的评价是"你真是一位热爱生活的人，你的想象力很丰富，特别是'太阳像一个蛋黄'这一处的想象非常特别。"微信中的趣味点评，像一根有魔力的绳子，牵引着学生从精炼的微文开始爱上写话。

在利用微信指导学生改变不良学习习惯时，也要注意童趣的交流，可以给学生讲一些关于好习惯的故事等，这样学生比较乐于接受。在微信公众号的推送中，也要注意推送童趣的内容。比如，在"推荐阅读"模块中，根据学生学龄特点与实际情况向学生推荐不同作品，小学一二年级学生以形象思维为主，喜欢艳丽的画面，所以应向学生推荐以绘本为主的书籍。这种富有童趣的表达，让学生更加乐于学习，更加乐于接受辅导。

3. 挖掘材料，课外拓展

有时候，教师也会鼓励一些优秀的学生在家做一些能力拓展的练习，一旦遇到问题，

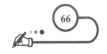

家长解答不了，便可以通过微信与教师进行交流。例如，在做阅读练习时，家长可将孩子在家里弄不懂的问题通过图片方式传到微信上，这样教师就可以及时进行个性化的辅导。如果学生还有问题，可以随时提问，教师即时解决，减少了家长的焦虑，也大大提高了学生学习语文的兴趣。另外，教师可以利用微信推送手机 APP 中的资源。

教师还可以打造一个班级微信公众号，创建班级的语文微信公众平台。在平台上，教师可设置"推荐阅读"板块，为学生推荐优秀的文学作品，学生可以自主选择阅读，为学生的语文学习提供了一个良好的阅读平台。现在很多作家通常会将自己撰写的美文发布到自己的微信公众号上，教师可让学生关注作家公众号，主动进行阅读。当然，每个学生也可以把自己觉得优秀的文章发到微信群中，让其他同学都能够阅读到此类优秀文章。其他同学在阅读完文章之后，也可以发表自己的想法或者写下读后感。语文教师可针对学生的此类表达，从人生观和价值观的角度以及语言文字的角度进行指导。学生和学生之间也可以根据阅读的文章展开沟通和交流。此外，教师还可以在微信公众号上开辟投稿专栏，将学生写得比较好的习作、小诗等上传到微信公众号上，学生也可以为同伴来撰写评语，在互相学习的基础上，增进同伴之间的情感，增强班级的凝聚力。总之，微信公众号让学生的自主学习、个性发展和定制辅导更有方向性，让家长更加了解学生的语文学习。

（三）利用网络互助，进行小学语文团队辅导

1. 恰当选题，合作互助

在选择小型学习共同体进行辅导时，选题必须要有一定的难度、有思考的深度或者是需要团队共同解决的话题，这样的话，学生之间才需要通过合作互助来解决这个问题，学生之间或者教师参与其中的团队辅导才有实效。良好的查字典习惯是众多学习习惯中的一种，指的是学生在长期的学习实践过程中遇到不会读的字、不会写的字、不知道意思的字时，自觉地、主动地查字典的习惯。良好的查字典习惯养成后，能有效提高小学生识字的能力，提高学生自主学习的能力，增加学生识字量和提高学习效率，为其终身学习奠定基础。要想培养良好的查字典习惯，首先要学会查字典。很多学生虽然会查字典，但是对查字典的步骤不熟练，速度慢，从而降低了学生使用字典的兴趣。那如何落实查字典的方法，加快学生的查字典速度呢？利用 QQ 群互助平台是一个不错的方法。

2. 生生交互，鼓励交流

不管是在平时的教学中，还是在 QQ 群互助平台上，我们都需要采用各种手段来鼓励学生进行交流，既要不断地更新留言板中的内容，也要鼓励学生来发表意见，时时更新，

才可以达到预期的效果。

3. 网络平台，家校合力

QQ 群互助平台的出现，便于家长的参与，教师和学生可以请家长参与到这一过程中，这样既可以让家长了解到学生的学习情况，也可以运用家长的力量对学生进行一些个性化的辅导，达到共赢的目的。

每一个 QQ 群互助平台，我们都可以邀请家长作为校外辅导员参与其中，家长在群中不仅了解到育儿的一些方法，同时也可以了解到自己孩子的学习情况，对家长进行有针对性的辅导也有一些帮助。

第三章　小学语文教学生活化的理论与方法

第一节　小学语文教学生活化的基础理论

一、核心概念界定

（一）生活化

"生活"一词有以下五个方面的含义：①用作名词，指的是生物以及人类为了生存和发展而开展的多种活动；②可作动词用，表示进行各种活动；③指生存；④指衣、食、住、行等方面的情况；⑤在方言中称作"活儿"，主要指农业、工业、手工业方面的。学者周涛认为，与其他动物相区别，生活是专属于人的。夏宏提出了人的生活与动物的生活有非常大的差别的观点。他把生活分为物质生活以及精神生活两个方面，人与动物的差别就在于对精神生活的要求。马克思认为，人的全部生活是以感性世界为基础，人的生活的本质包括最核心的对象——人类，人是生活的主题，只有当人参与其中，才会有真正意义上的生活。

"化"在《现代汉语词典》中的解释为"作为后缀，表示转变为某种性质或状态"。所以，生活化的基本定义是让某种活动转变为生活的一部分，让这种活动变成提升自身价值以及实现自身发展的一种方式，并且让这种活动与日常生活之间的关系变得更加紧密，最终让日常的活动与生活变得更加亲密无间。

（二）生活化教学

生活化教学指的是在教授课程中，教师不断挖掘与课程知识相关的生活内涵，积极将生活中的问题与教学相联系，经过适当的变形处理之后，最后达到课程教学的生活化的目的。生活化教学其实就是使教学生活化，使教学这种特殊活动与人类的生活融合起来。它既是一种教学理念，更是一种生成性的思维方式，也是一个使教学生活化的过程。

生活化教学是指将生活元素融入教学活动之中，让学生把学习活动和生活紧密联系起来。学者张兰英认为，生活化教学应当体现"源于生活，寓于生活，服务生活"的理念，树立长远的教育目标，即学生不但要打下扎实的知识基础，形成能力，也要将知识应用于当下和未来，解决生活中的实际问题，还要力求将来在某些领域有所突破。生活化教学指的是现实生活与教学情境、教学内容是相互贯穿、相互通达的，师生彼此联系，以教材为桥梁，共同参与教学活动。这个过程不但要完成知识和文化的传承、创新，更要完成人生观、世界观的树立和整合，寻求共同发展。对生活化教学的理解应从两个方面入手：一方面，教育者要抓住生活与课堂的交叉点，抓住生活中的学习资源，合理创设教学情境，引领学生主动地掌握知识，获取经验；另一方面，要求教育者鼓励、引导学生利用学到的知识经验指导具体实际，通过实践活动来检验并完善已有的知识，主动去认识、适应、创造生活。

（三）教学生活化

教学生活化中的"化"在词性上表示转变成某种性质或状态。这里可以把教学生活化看作教学回归生活世界这一理念的实践层面的延伸和继承。教学的生活化是语文教学的一般原理。在教学中，学生是学习的主体，同时也是生活中的人，在学习和生活中同时存在着听、说、读、写的活动。因此，教学的生活化就是将两种形式中的四种活动融合起来，然后将生活中的人和作为学习主体的学生结合起来，最终促进学生的发展。

教学生活化就是教师在创设的教学情境中引入和课程内容相关的生活素材，并且要同时关注学生已有的生活经验，让学生在学习的同时能够体验生活，此外还要培养学生作为学习主体的自主性。在师生相互交往的过程中，关注学生的全面发展，充分实现学生的自我建构，引领学生到达更高的发展空间。

（四）小学语文生活化教学

小学语文生活化教学就是让语文教学贴近学生的生活，多从学生的角度看他们真正喜欢什么，而不是把语文知识硬塞给学生，把学生从教科书中枯燥乏味的语文理论知识中解救出来，让学生更快乐地学习，并且更热爱生活。提倡小学语文生活化教学并不是要忽视语文教学的科学性，也不是要把语文教学完全等同于生活，更不是使语文教学回归到那种原始的未经课堂加工的日常生活中，而是要改革当今小学语文课堂填鸭式、低效率的教学现状，让小学语文课堂多点生活的味道，让语文教师多多关注学生的生活体验和内心的真实想法，使生活的意义和价值能够引导教学前行的方向。

（五）小学语文教学生活化的必要性和可行性

1. 小学语文教学生活化的必要性

（1）语文自身的特点要求语文教学生活化

语文是听、说、读、写、译等语言文字的能力和语言知识及文化知识的统称。通俗来说，语文即运用书面语言和口语的能力和记忆与理解语言和文化的知识。语文是最重要的交际工具，是人类文化的重要组成部分。以语言文字作为载体所流传下来的中国传统文明数不胜数，而且在日常琐碎的生活中，语言交流也是必不可少的。无论是从文明的发展还是从日常生活来看，语文都与生活息息相关。

从课程的角度来看，语文具有很强的实践性，是一门植根于现实的课程。九年义务教育语文课程的阶段性目标从识字与写字、阅读、写作、口语交际这四个方面提出要求，同时还提出综合性学习的要求，以加强语文课程与其他课程、生活的联系，促进学生听、说、读、写等语文能力的整体推进和协调发展，提高学生的语文素养，促进其全面发展。这四个方面的阶段性目标都与生活密不可分。从识字与写字方面来看，汉字从其构造上看是读音、字形和含义的统一。如"问"这个字既能表意又能表音。也就是说，每一个汉字的读音、字形以及含义都可以用日常生活的现象进行诠释。在阅读方面，要求学生能够理解文本，感受到情感的熏陶，注重学生的情感体验。而阅读的文本大都来源于生活，都是生活的缩影，学生可以从中感受生活的印记。在写作方面，更加离不开生活，生活中的事例、自己的经历或感悟都是写作的素材。在日常生活中，口语交际本就是人们生活中最基本、最常用的交流方式，无论怎样都离不开生活。语文课程的实践性要求培养学生具有现代社会所需要的语文实践能力，能让学生在实践中学习、运用语文。由此可见，语文自身的特点要求语文教学生活化。

（2）基础教育课程改革的需要

基础教育课程改革是立足于全面提高国民素质，应对知识经济时代的到来而进行的一次重大改革。课程改革的目标指出，要在改变课程内容难、繁、偏、旧和过于注重书本知识的现状的同时，不能让课程内容脱离学生的生活和社会的发展，要关注学生的生活，注意在教学中结合学生的经验，为学生的终身学习准备必需的知识和技能。

基础教育课程改革要求加强学生的经验和课程内容的联系，而在小学语文教学生活化中，教师不仅要关注学生知识的掌握、技能的获得，还要注重学生已有的生活经验，利用已有的生活经验，创设合适的教学情境，打破书本与生活的隔阂，将教学内容与学生的生活经验结合起来。同时，教师要关注学生的发展，根据学生的身心特点和不同的学习需求，发挥学生的自主性，让学生作为学习和发展的主体，积极地参与到课堂教学中去。这样让学生在学习中不断充实自己的同时，还能够收获不一样的生活体验，实现自我建构，最终促进德、智、体、美等多方面的发展。

2. 小学语文教学生活化的可行性

（1）新课程标准为小学语文生活化教学提供了方向指导

新课程标准作为国家课程的基本纲领性文件，是国家对基础教育课程的基本规范和质量要求。小学语文作为基础教育课程，承载着党的教育方针和教育思想，是国家意志在教育领域的直接体现，在立德树人中发挥着关键作用。对此，教育部于2022年4月21日颁布了最新版的普通语文课程标准，用以指导小学语文的教学活动。小学语文新课程标准不仅强调培养学生积极主动的学习态度，还要求学生在学习基础知识与基本技能的同时，学会生活、学会做人，形成正确的价值观，提倡学生应主动参与社会生活，乐于探究，勤于动手，培养学生搜集和处理信息的能力、获取新知识的能力、分析和解决生活中实际问题的能力以及交流合作的能力，加强教学与学生生活、现代科技的联系。由此可见，小学语文新课程标准要求教学实践活动要贴近生活，立足于生活实际，从生活经验中获取知识，提高学生参与社会的能力，从而促进学生全面而有个性的发展，为学生适应社会生活、高等教育和职业发展做准备。除此之外，生活化并不等于庸俗化，将小学语文与生活紧密结合并不等于抛弃语文学科原有的逻辑性与严密性，生活化教学要有"度"的衡量，这个"度"来源于新课程标准对小学语文课程性质和课程结构的要求。小学语文生活化教学需要新课程标准的规范和指导，新课程标准为小学语文生活化教学的开展指明了道路。

（2）学生的认知能力和已有经验是小学语文生活化教学的基本条件

小学时期是学生准备走向独立生活的时期，是踏入社会的预备阶段。小学生的身心发展虽不完全成熟，还略显稚嫩，但与之前相比，学生的自觉性和独立性都有所提高，基本认识到掌握核心知识与技能对他们将来融入社会的重要性，能够进行独立自主的学习活动。而且，小学生对事物的观察能力明显增强，能发现事物的主要细节和本质特征，这样有利于丰富学生的生活经验，为生活化教学的开展打下基础。此外，学生的思维发展到了更高的水平，具有更高的抽象概括能力与逻辑思维能力，对于小学语文中"难啃的硬骨头"有基础性的理解，但这种理解仅停留在表面，更深层次的理解与掌握还需要教师的精细讲解和学生生活经验的配合。另一方面，随着时代的发展和小学生的身心发展，他们对于政治、经济、文化以及哲学等方面有了更加独立的看法，主观上愿意参加各方面的社会实践活动，将书本知识与社会生活相融合，有利于学生对理论知识的转化和拓展，增强运用知识解决实际问题的能力，从而进一步找到学校与社会的契合点，使学生明白学习的意义在于更好地服务社会，推动社会向前发展。因此，无论是从学生认知能力发展的角度来看，还是从已有的教育和生活经验的角度来看，小学语文生活化教学的推行都是完全可行的。

（3）贴近学生社会生活的新教材是小学语文生活化教学的有力保障

教材是学生获取知识最直接的来源。学生需要借助预习对教学内容有浅层次的领悟，再通过课堂上教师的精讲点拨加深理解，巩固记忆。因此，教材中文字的编排和案例的选取既要符合小学生的认知特点，又要贴近学生的生活，便于学生领悟其中要点；既要体现学科的严谨性和逻辑性，又不能枯燥乏味，不能做睡前读物。随着新课程改革的逐步推进，小学语文新教材应运而生，小学语文在强调学生思想性和导向性的同时，更加注重与实际生活的联系。与旧教材相比，新教材将语文放到了社会生活的高度，而不是日常生活的角度，提升了小学语文的教学层次，赋予了其全新的教学意义，看似与学生的生活保持了距离，实则与学生的日常活动息息相关。

与此同时，小学语文新教材以社会生活作为切入口，使学生跳出自己小的生活圈，放眼社会，提前了解社会，为将来能够成功地走入社会打下基础。生活化教学的目的在于促使学生适应社会、融入社会，最终推动社会向前发展，因此，贴近学生社会生活的新教材为小学语文生活化教学的实施提供了可能。

（4）与时俱进的教育教学观念是小学语文生活化教学的内在动力

教师的教育教学观念是否正确直接影响着教学质量，是教学改革的核心问题。多少年来，教师一直被赋予传道、授业、解惑的职责，"满堂灌"式的教学屡见不鲜，直到新课改的推进和新教材的出现，打破了教育界原有的主流教育思想，开始了教育教学观念的革新。与时俱进的教育教学观念改变了教师高高在上的传统形象，教师不再是真理的化身，不再是课堂的管理者，而是学生学习的合作者和促进者。所以，教师要改变传统的教学观念，加快教学从知识本位向育人本位的转变，更加注重学生走向社会后的发展，教学培养的不单是学校的尖子生，更是国家的接班人。对此，教学活动要以学生为主体，结合小学生的身心发展特点和社会生活实践按需教学，将教学内容与学生的生活实践活动紧密结合，使学生在学习的过程中不断增长社会经验，促成经验量的积累，以实现成功走入社会质的飞跃。教师教学观念的转变为生活化教学的推行提供了便利。

除此之外，教师对小学语文学科观念的转变也有利于推动生活化教学的实施。新课程标准对小学语文的课程性质和教学目标提出了新要求。首先，小学语文课要改变以往带给学生的距离感，拉近与学生之间的距离，语文根植于生活，通过生活表达语文更能够体现其中的思想性与普遍性；其次，语文教学要接地气，要使每个学生都能够听懂语文，教师要充分发挥语义对学生情感、态度和价值观的引领作用，培养学生的语言能力，并引导学生将对祖国的热爱付诸实践。由此可见，无论是教师教学观念的更新还是教师对观念的转变都有利于生活化教学的开展，为践行小学语文生活化教学提供了动力，使其变得必要且可行。

（5）现代信息技术的进步是小学语文生活化教学的便捷途径

21世纪的社会是科学技术高速发展的社会，21世纪的教育也应该是与科学技术相结合的教育。传统的口耳相传式的教学手段无法使学生形成直观的教学体验，已逐渐被教育界淘汰，现代课堂教学已经改变了"一人、一桌、一讲台"式的教学模式，取而代之的是高科技设备的使用。多媒体课件、影像语音录播室等教学新手段的使用已经成为家常便饭。小学语文在注重培养学生思维能力的同时，还强调发展学生的语文综合素养。

采用多媒体技术进行教学，将语文知识以视频的形式播放，为学生创造了可视可听的教学环境，将生活化情境直接带进课堂，使学生更加直观地感受生活中的语文智慧；通过对生活中案例的收集和展示，让学生了解了语文寓于生活之中；采取图文并茂的动态形式，将小学语文从说教课变为生动课，逐步发展成为网红课，使语文课摆脱枯燥乏味的标签，让学生因喜爱而选择，而非因好得分而选择。由此可见，现代科学技术的发展为小学语文生活化教学的进一步推进提供了技术支持，使小学语文生活化教学的推广变得更加可行。

（六）小学语文教学生活化的基本特征

生活化教学作为一种与时代同步、与改革同频的教学模式，贯穿小学语文教学始终。小学语文生活化教学既贴近学生的生活实际，又符合现阶段学生的身心发展特点；既与时俱进，又富有趣味。由此，可以将小学语文生活化教学的特征归结为以下十个方面。

1. 生活性

小学语文生活化教学内容源于生活，又高于生活，从生活中来到生活中去。小学生具备基本的认知能力和实践能力，能够主动地参与到社会生活当中，无论是家庭、学校还是社会，他们的实践活动都会产生相应的生活经验。小学语文生活化教学就是基于学生已有的生活经验，对所学内容进行解释和深层次的剖析。因此，教师要善于将生活经验带进课堂，从学生的生活经验当中提炼相关语文知识和文字信息，潜移默化地提升学生的素养。此外，教育的目的不仅是要让学生学会知识，还要通过社会实践把知识运用到生活当中。在小学语文生活化教学中，教师通过设置生活化教学情境，运用贴近学生生活的教学案例，帮助学生用语文视角看待生活，培养学生运用所学语文理论知识分析和解决生活中实际问题的能力，真正做到学以致用。总之，生活性贯穿小学语文生活化教学的始终，是小学语文生活化教学的一个重要的特征。

2. 发展性

处于小学时期的学生无论是在身体上还是在心理上都未完全发育成熟，受外部因素影响较大，此时就需要教师根据学生不同的心理特点与生活背景进行有针对性的引导与教育。小学语文生活化教学模式充分考虑了学生的身心发展特点和生活情况，对于小学生敏感、好奇的心理进行细致揣摩，为获取学生的心理认同，它放下了语文学科原有的高姿态，将语文融入学生的日常生活当中，促使语文变成了学生信手拈来的话题，营造出"生活处处有语文"的氛围。与此同时，小学语文课生活化教学模式优化了传统"教师讲、学生听"的教学方式，更重视学生的主体地位，注重引导学生主动地体验生活、观察生活，从生活中探寻语文信息，这既符合新课改对学生全面发展的要求，也更有利于学生个性的发展、独立人格的塑造。由此可见，小学语文生活化教学既符合学生的身心发展特点，又能够促进学生的全面发展，具有明显的发展性。

3. 时代性

生活即教育，用生活来教育，为生活而教育。我们的生活是随时代的发展而变化的，这就意味着小学语文的教学内容也要随着时代的发展而更新，时代性是语文学科的独有属性，也是小学语文生活化教学的重要特征。在小学语文新教材中，时代性也有诸多体现，这就要求小学语文教师要有一双善于捕捉热点的眼睛，通过生活中的时政热点解读教材，却又不被教材束缚，使小学语文既具有时代性，又不脱离生活。

4. 趣味性

趣味性不仅对语文学科来说很重要，对于任何一个学科都至关重要，有趣味性的课堂教学才能真正唤醒学生的求知欲，激发学生对该学科的学习兴趣。语文学科作为一门理论性较强的学科，与理工科不同，它没有实验课，大部分原理都归属于上层建筑层面。因此，为了提升语文学科的趣味性，就可采用生活化的教学方式。小学语文生活化教学的教学过程，改变了以往教学过程中以教师为主体的灌输式教学模式，学生不再是被动地接受知识，而是化被动为主动，采取小组合作交流或者班级辩论等形式，对重难点问题进行探究，集思广益，从不同的生活经验当中提炼出共同的语文信息，这样的课堂教学形式更加新颖有趣，学生的接受度更高。同时，小学语文生活化教学所采用的教学案例贴近生活，更能与学生产生共鸣，使原本比较枯燥的知识点生动化，增添了教学的趣味性。

5. 关注生命的价值

小学语文教学生活化是本着关注生命、理解生命的宗旨，从而提升学生生命的层次。

在教学中，教师可为学生创设有助于生命成长的教学情境，调动学生生命本身的自主性，让学生在主动探寻中展现自己的生命力量；在师生互动中，教师要尊重不同生命的独特性，使学生体验生命成长的快乐；教师要关注学生当前的生命状态，尊重学生不同阶段的不同生命体验，使其理解生命的生成性。

6. 体验性

在小学语文生活化教学中，教师可以让学生在不同的情境中、想象中或者实践中去体验和感悟。通过创设不同的情境，唤起学生对事件的关注，让学生从获得具体的表象提升至无形的情感深思。同时，利用想象的空间，让学生凭借着语言文字去把握文章的脉络，去理解文本的内涵，体验和作者心与心的交流和思想的碰撞。通过带领学生亲身实践，使其在过程之中直观地感受文本带来的冲击，因而能够身临其境去认识和理解文本。学生凭借着自身的生活经验，通过不同的方式，在不同的境遇中去感悟积淀文本，这也是小学语文教学生活化所积极倡导的一大方式。

7. 完整性

要建构一种新型的教学生活，把教学过程还原成生活过程，把教学情景还原成生活情景，把教学活动还原成儿童的生命活动，这种教学才是完整的、全面的。语文生活化教学就是这样一种教学，充分考虑到学生生活的完整性，有来自社会生活、家庭生活、学校生活各方面的影响，因此针对语文文本存在的空白点，尊重学生异样的看法，让其能在结合自己已有的生活经验基础上，适时适地做出相应指导，让其有充分全面的思考空间。

由于传统教学没有较好地引导学生关爱他人、照顾他人，使得学生为他人着想的意识不足，而将语文教学融入生活，是扭转这一局势的最好方式，因为经验的完整性来源于生活的完整性。在这一模式下，引导学生更好地适应生活，学会学习，有利于解放他们的思想，培养学生拥有积极乐观的心态，有利于其全面发展。

8. 民主性

要想提升学生与教师交流与互动的能力并形成有效交流的策略，离不开教学中的两个主体——教师与学生。对于教师来说，就是要体现"平等中的首席"作用；对于学生来说，就是要形成"伙伴协作"的学习共同体。语文生活化教学就体现了这样一种新型的师生关系，民主平等正是语文生活化教学的特性所在。

二、小学语文教科书内容生活化研究

（一）小学语文教科书生活化相关概述

1. 相关概念界定

（1）教材

教材的定义有广义和狭义之分。广义的教材是指有利于学习者增长知识或发展技能的材料，狭义的教材即教科书。由此可见，广义的教材范围更大，包括教科书以及其他教学材料；狭义的教材等同于教科书，有时二者可替换使用。

教材的作用大体可以归纳为两个方面：一是学生学习的资源；二是学生学习的工具。作为学习的资源，教材以学生可以理解接受的方式，精炼概括了人类在长期的实践中积累的数量巨大的知识，为学生的学习提供了知识。作为学习的工具，教材向学生展示知识的内容和获得知识的过程与方法，让学生理解从实践中发现问题并试图解决问题的过程，从模仿到独立思考，从学习到创新。

（2）教科书

教科书亦称为课本，是依据课程标准的要求编排的系统反映学科内容的教学用书，是承载教学内容的主要载体，是教师教与学生学的主要材料依据，是实现一定教育目的的工具，同时也是考核教学成绩的主要标准。教科书既是教材，是教师上课使用的教学用书，也是学材，是学生上课学习使用的课本，教科书根据课程标准选择教学内容、提出教学思路、呈现教学材料、引领教学进程。

（3）小学语文教科书

所谓小学语文教科书，指的是适用于语文这一学科、小学这一学段的教科书。部编本小学语文教科书是指教育部编小学语文教科书，由人民教育出版社出版，为区别之前使用的人民教育出版社发行的义务教育课程标准实验教科书，这次由教育部审定的这版义务教育语文教科书称为部编本教科书。因其取代了原来的人教版教科书，使用范围较大，因此，此版本教科书也被称为统编版教科书。

2. 教科书生活化

教科书生活化是指教科书力求与学生的生活相联系，贴近学生的生活，贴近学生的情感，贴近学生的心灵，让学生在生活中学习语文，建构语文与生活相联系的教材新模型。对教科书生活化的界定可从两个方面展开：一是教科书生活化的深度，深度是指生活经验对于学习者来说是可以接受的、可以理解的。教学应该从学习者已有的经验开始，这种经验和在学习过程中发展起来的能力为进一步的学习提供起点。

二是指教科书生活化的广度，广度是指学生可以在日常生活中接触到的范围。我国幅员辽阔，沿海与内陆、城市与乡村的孩子都有不同的生活经验，在本研究中以全国大多数学生的生活经验进行分析，即对文本的分析是考虑一般情况下大多数学生是否有某种生活经验来理解课文内容。

（二）小学语文教科书生活化要素和内容分析

1. 小学语文教科书生活化要素分析

（1）教科书分析项目

教科书是学生和教师手中最直观的、最常接触的学习材料，是学习内容的指挥棒，它不仅是课程标准的代言人，还集中了众多专家、学者的智慧，它是学科知识的精华和智慧的结晶。对教科书进行分析首先需要确定教科书的分析项目，通过对中外学者的相关文献进行归纳分析，指明其分析项目及对本研究的借鉴作用，在总结前人经验的基础上明确本研究的分析项目，为文本分析明确方向。

（2）教科书生活化的分析维度

要想确定教科书内容生活化的分析维度，首先是根据对已有的分析维度的梳理，运用频度统计方法进行科学筛选，再通过课文抽检、与小学语文教师咨询的方式，确定分析的主次类目，最后进行效度检验，确定其有效性之后运用于文本分析。

（3）教科书内容生活化标准

对教科书内容进行生活化分析需要一个标准，标准的作用就像尺子一样，可以衡量某个内容是否生活化。在本研究中，把教科书内容生活化的标准确定为：教科书内容是否与学生的生活经验相结合。具体来讲，在深度上，教科书内容是学生可理解和可接受的；在广度上，教科书内容中呈现的事物或情境是学生在日常生活中可以经常接触到的范围。由于每个人的生活经验有所差异，每个群体又有区域差异等，所以在本研究中以大多数学生可能的生活经验进行分析。

2. 基于文本的小学语文教科书内容生活化分析

根据教科书内容生活化的标准，对部编本小学语文教科书各分析项目进行生活化分析，分析教科书内容是否体现生活化，并对其现状进行描述。

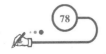

（1）课文内容

课文内容部分是本研究最主要的研究部分，根据教科书的框架，我们可以将课文内容分为拼音、识字、古诗和一般主题课文四种。

（2）课后练习

现行的部编本小学语文教科书的练习系统由两部分组成：一是课文后的练习；二是语文园地这样的综合练习部分。因为下面有对语文园地的单独分析，所以我们这里讲的课后练习是指课文后紧跟的练习。在学习了课文内容后，学生可以利用课后练习部分自主学习或进行语言实践，以达到巩固所学知识的目的。课后练习内容生活化有利于帮助学生把学到的知识、能力应用到生活中去，来于生活、归于生活，更好地发挥语文学科的工具性作用。

（3）语文园地

部编本教科书的一个特点是课文数量减少了，但课文数量的减少并不意味着教学内容的减少或者单纯地理解为"减负"，而是对教学内容方式的调整，丰富了教科书内容。这部分教科书内容集中体现在"语文园地"模块。部编本教科书增加了"和大人一起读""查字典"等新栏目，调整后的课型和结构更加注重口语和阅读方面的培养，有利于学生语文核心素养的养成。

（4）快乐读书吧

"快乐读书吧"是独立于语文园地而单独存在的栏目，1~3册教科书的"语文园地一"后都有一个"快乐读书吧"栏目，主题内容都是围绕某个方面对学生进行阅读引导。

（5）插图

插图，又称插画，是指附在书籍中的图画，对正文内容起补充说明或艺术欣赏作用。教科书中的插图是助读系统的一部分，通过视觉可见的形象，刺激读者的感知神经，以实现人们的审美追求。教科书插图作为"教科书的第二语言"，也是极其重要的课程资源，能够使文本更加具体和连贯，帮助学生更好地理解文字内容，增强对记忆的保持作用。此外，图文共同呈现的方式更有利于学生获取知识。对于小学生而言，他们的阅读能力较差，通过观察彩色插图能提高其对文本的理解程度，图文对照的形式更加利于其学习。本研究中把插图的研究范围定为课文（包括识字、古诗和一般主题课文）以及语文园地中的"日积月累""和大人一起读""我爱阅读"部分以及"识字加油站"中的儿歌。

第二节　小学语文教学生活化的实施方法

一、确立"生活化"教学理念，优化教育目标

（一）更新教学理念

教学理念是教师对教学的基本态度和观念，对教师的教学行为具有极其重要的指导作用。作为一门工具性和人文性相统一的学科，语文既有着社会实用功能和中介功能，也包含着情感、意志及思想观念的内容。因而，语文教学并非知识的简单汇聚，而是一种创造性的实践活动，加上教师职业的长期性和复杂性，这就要求了语文教师必须保持终身学习的状态，不断更新教学理念，适应教育改革的需要。

要加强语文与生活之间的联系，让学生在生活中学习语文，为贯彻这一教学目标和任务，实现语文"教学生活化"，教师应从以下两个方面更新教学理念。

第一，树立生活化的语文教学观。受应试教育的影响，语文教学长期重视学生对语文知识的掌握，轻视了学生语文综合素质的发展。在这种教育模式下，成绩成为衡量学生的唯一标准，学生成为应付应试考试的学习机器，导致学生既丧失了学习的积极性和主动性，又无法将所学知识应用于生活实际。应试教育的诸多弊端呼唤着素质教育，语文"教学生活化"正顺应了这个时代潮流，倡导让学生在生活体验中感悟语文、学习语文，最终让语文回归于生活。小学生的心理、认知发展尚未成熟，需要教师的不断引导，因此小学语文教师更应明白自己的重要职责，及时树立生活化的语文教学观，乐于观察生活，在教学活动中有意识地将教学内容与学生的生活实际进行有机的结合，同时重视语文知识的实用价值和情感价值，培养学生的探索能力、实践能力及创新能力，使语文教学变得更有价值和意义。

第二，树立为学生服务的角色观。在传统的语文教学观中，教师是知识的传授者，是教学的主体，学生是知识的被动接受者，是教学的客体。而语文"教学生活化"强调学生的主体地位，尊重学生的独特人格，教师和学生不再是简单的主客体关系，而是发展成了一种民主、平等的学习互助伙伴。这就要求教师转变为语文教学的引导者、组织者及合作者，以自主合作、实践探索的教学方式，发挥学生的学习能动性，不断鼓励和引导学生在课堂和平时生活中主动对语文知识进行思考与探索，让学生勇于表达自己对生活的感悟和

对知识的理解，把语文学习的平台真正交还给学生。

（二）提高综合素质

除了更新教学理念，教师自身的综合素质对其教学质量有着至关重要的影响，语文"教学生活化"除了要求教师应具备的基本教育能力，还对教师提出了以下两点要求。

1. 熟悉"教学生活化"相关理论知识

教学理论知识是教学活动展开的基础，生活化理论知识在一定程度上能帮助教师进行行之有效的教学生活化实践。若是有一定的理论作为支撑，一方面，可以让教师从源头上了解"教学生活化"理念的产生；另一方面，还能让教师在教学生活化的实施中结合理论知识，有所运用、有所借鉴。教学生活化其实在某种意义上是教学回归生活世界在实践层面的引申，最初，生活世界提出的初衷是为了反对科学世界远离生活，科学世界的东西来源于生活世界，而科学意识却往往否定生活世界的基础性。

针对课堂教学中出现的偏重书本知识、和生活实际脱节等问题，后来的教育研究者将生活世界这个哲学范畴引入教育中。教师作为实施教学生活化理念的主体，在了解和学习了相关的生活理论知识后，能够在教学生活化的实践中运用这些知识，能够更好地在教学中将教学内容和学生生活经验联系起来，从而使生活化的教学理念渗透到教学的每个环节。若是想加强理论水平，教师则要从自身做起，积极主动地去了解相关的理论知识，在教学实践中运用这些理论知识。为了教师自身的提升和更好地进行教学，学校和教育部门也应该倡导教师提高自己的理论水平。

2. 提高教师生活化教学能力

教师教学能力的高低关系到教学质量，现代教育的发展要求教师有终身学习的理念，要通过学习不断地充实自己，实现教师的专业发展。在语文生活化教学中，教师不仅要有丰富的生活化教学理论知识，还要不断地实践，在实践中不断地反思自己，努力提高自己的语文生活化教学能力。作为一名专业化的语文教师，应该具备研究和探索的精神，在充分了解学生的基础上，钻研教学设计，研究教学方法和教学内容，从而更好地实施语文生活化教学，达到更好的教学效果。

（1）增强教师的教学设计能力

好的语文教学引导学生从语文的角度观察世界，用语文的方法欣赏世界，使用语文思维来理解世界，用语文语言表达世界，而好的语文教学的前提是要有一个良好的语文教学设计，这就需要教师加深对语文生活化教学的理解，提高自己的教学设计能力。在小学语文生活化教学设计中，教师要特别注重三个方面的分析——教材分析、学情分析、教学目标分析。

第一方面，教材分析。山东省聊城市的小学学生现在使用的是义务教育教科书青岛出版社的教材，本套教材中还存在一定的问题，教材中的内容抽象性比较强，学生对教材中海边的情境是比较陌生。这就需要语文教师改变教材中远离学生实际生活的内容，根据学生的认知发展水平和实际生活选择教学内容和呈现方式，这样有利于学生对语文知识的理解和掌握。

第二方面，学情分析。教师在进行学情分析时，既要考虑小学生的年龄特征和认知特征，又要注重分析学生的已有知识经验和生活经历，使语文教学更接近学生熟悉的实际生活，激发小学生对语文的学习兴趣，让学生真实地感受到语文价值。

第三方面，教学目标分析。对教材和学情进行分析，结合新课程标准的要求，制订一节课的教学目标，特别需要注意的是，制订生活化教学目标，即培养学生对语文知识的应用意识。"问题解决"目标是要求学生能够从语文的角度发现生活中的语文问题，能够运用所学的语文知识解决简单的实际问题，增强应用意识和实践能力。问题的提出与解决是学校语文教学的核心，所以培养学生发现和提出问题的能力、分析和解决问题的能力是语文教学的核心目标之一。

在小学语文生活化教学设计时，教师除了要考虑以上三个方面，还要关注其他方面，如教学方法的选择、教学过程的实施等。总之，好的生活化教学设计有利于小学语文生活化教学的实施，提高教师的教学设计能力。

（2）提高教师的教育研究能力

语文教育研究能力是一种高级的、来源于语文教育实践而又有所超越和升华的创新能力，具体是指语文教师应该具有扎实的语文教育理论知识和方法论知识，具有收集和整理文献资料、开发和处理信息的能力。首先，教师要做自学、自修、自研工作，要有终身学习的理念，不断学习关于"语文生活化教学"的理论知识；深入学习，领会其理念精髓；在语文生活化的教学实践中加强教学反思，如写语文教学日记、记录语文课的成功之举和败笔之处、对语文教学案例进行研究等。其次，学校要多组织教师进行系统的学习语文生活化教学的理论；安排教师进行集中备课，集思广益，共同讨论学习；探讨关于语文生活化教学的教学方法；开展同事之间的互帮互学活动，互相促进，共同提高。总之，教研可以采取个人学习与集体学习相结合、综合学习与专题学习相结合的方式，让每一位教师都能得到较好的发展，为语文生活化教学服务。

（3）加强教师的教学实施能力

课堂教学工作是整个语文教学工作的中心环节，是实施语文生活化教学的主渠道。为了保证语文生活化教学的顺利进行，教师要提高自身的教学实施能力。首先，教师需要有良好的课堂组织和管理能力。在语文生活化教学的课堂中，教师要随时关注学生的反应，让学生感受到所学习的语文知识不是枯燥难懂、遥不可及的，而是富有趣味、源自自己熟悉的生活的。如果教师的教学能够紧紧地吸引学生的注意力，学生也就能积极地参与到讨论和探究活动中，这样就很难避免学生走神、捣乱的情况出现。其次，教师还要有较强的内容呈现能力。在课堂上，教师要根据实际情况的需要，尽可能用多种直观的表现形式来呈现教学内容，尤其是要将抽象的教学内容与学生具体的现实生活联系起来，消除学生对语文的陌生感。最后，教师对现代教学技术的熟练应用也是非常重要的。通过现代教学技术的运用，可以帮助教师把来自生活的语文知识的形成和产生过程生动、直观地展现给学生，有利于学生获得从生活中抽象出语文问题的活动经验，有利于推动语文生活化教学的实施。

二、创设"生活化"教学情境，联系学生现实生活实际

（一）创设符合学情的生活化情境，以关注学生需要为前提

这七个等级包括生理需要、安全需要、社交需求、尊重需要、自我实现需求、认知需求和审美需求。根据其强度的不同，可以将它们分别置于不同的需要层次上。只有当低级的需要得到满足后，更高层次的需要才会产生。这就给教师教学带来了启示，即在课堂教学中，教师要营造良好的学习环境，了解学生的日常状况，着重关注学生的特定需要、妥善的安排学生作息等。在满足了学生的需要之后，学生对语文学习的兴趣和动机更强。

如何关注学生的需要，宏观上，教师应做一个有心人，多观察、多思考、多倾听、多研究，可以在教学中开展个案研究、问卷调查，深入学生内部，掌握第一手资料。微观上，针对一节语文课，可以采用预习单的形式了解学生对知识的掌握情况和困难所在之处。

（二）创设符合学情的生活化情境，以寻找"结合点"为关键

建构主义的学生观告诉我们，教学不能无视学生的已有知识经验，简单强硬的从外部对学习者实施知识的"填灌"，而是应该把学生的已有知识经验作为新知识的生长点，引导学生从原有的知识经验中，生长新的知识经验。

寻找语文教材内容与学生生活关联的结合点，应知道学生的"会"与"不会"，即根据学生的已有经验进行"同化""顺应"，达到知识的"平衡"。

（三）创设符合学情的生活化情境，以选择"创设形式"为支撑

常用的"创设形式"有问题情境、表演情境、游戏情境、实践情境等，各形式均有其优点，教师可以结合学生的实际需要和教材内容进行选择。

1. 创设生活化的问题情境

问题情境是语文学习论的基本概念之一，是由个体面临的语文问题和它所具有的相关经验所构成的系统。在这里同样适用于语文教学，"生活问题情境"便可以概括为，教师在"教学生活化"过程中，立足于学生已有的生活经验，使学生置身于与生活相关的问题氛围之中，结合相关语文知识，启发学生提出问题、分析问题，最后解决问题。通过创设生活化问题情境，可以激发学生的探知欲望，促进学生理解并运用知识，在小学语文教学生活中，教师可以根据实际需要进行不同类型的生活化问题情境创设，具体表现在以下四种方式。

第一，"悬念式"生活化问题情境。在小学语文教学生活中，"悬念式"生活化问题情境就是教师针对选取的生活素材与教学内容进行整合，用生动的语言、合理的形式在课堂中呈现出来，并且该素材的呈现能够留有余地，在学生心中产生悬念，达到激发学生求知欲望的目的。

第二，"探究式"生活化问题情境。让学生在探究中完成语文知识的构建，在小学语文教学生活中，教师需要认清学生当前的认知水平，结合与教学内容相关的一系列循序渐进的问题，启发、鼓励学生在此基础上不断地探究问题，最后在此过程中构建相关知识，形成相关能力。

第三，"辐射式"生活化问题情境。加强对学生发散性思维的培养，而小学语文教学生活中，创设"辐射式"生活化问题情境便是对学生发散性思维培养的有效途径。教师可以以某一语文知识点为中心，以此提出更多的、角度不同的问题，让学生在较短的时间内迅速了解与该知识点有关的各种知识，在了解该知识点的外延后，对该知识的内涵产生更深刻的理解。

第四，"活动式"生活化问题情境。在小学语文教学生活化中，所谓"活动式"生活化问题情境的创设，是指教师带领学生参与各种语文实践活动，辅以环环相扣的一系列问题，让学生在活动中运用双手，亲身解决问题，提升实践能力。

各类生活化问题情境的创设，体现了小学语文教学生活中"让生活走向语文，由语文

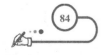

走向生活"的教学理念，学生在生活化的问题情境中对语文知识进行不断的探索和深入的理解，以此构建语文知识，提升语文能力。

2. 创设生活化的表演情境

创设生活化的表演情境是指结合学生实际进行情境创设，让学生以表演的形式体验生活，加深对事物的认识和理解，解决生活中的实际问题。

3. 创设生活化的游戏情境

创设生活化的游戏情境是指针对教学内容设置一些学生喜欢的游戏，让学生在游戏中体验学习的乐趣，收获更多的知识，以达到寓教于乐的作用。

4. 创设生活化的实践情境

创设生活化的实践情境是指教师根据教学内容、结合学生的学习特点组织学生参加实践活动。教师可以开展语文课堂实践，也可以在课下组织学生去实践。

（四）创设符合学情的生活化情境，以课程资源为辅助

建构生活化的语文课堂需要大力开发、合理利用语文课程资源。各地都蕴藏着多种语文课程资源。学校要有强烈的资源意识，认真分析本地和本校的特点，充分利用已有的资源，积极开发潜在的资源，特别是人的资源因素和在课程实施过程中生成的资源因素。最显性的课内资源就是语文教材，"统编本"小学语文一年级上册的教材在拼音部分出现很多情境图、表音表情图，极富趣味性、形象性和生活性。小学语文教师要充分利用这些资源，实现教学功能的多样化。在教授学生发音时，以学生自身为资源，使用好三个小帮手——耳朵、眼睛和小手；在教学拼读时，使用教（学）具——拼音卡片，帮助学生练习拼读。

需要注意的是，课程资源是用来帮助学生认识事物、获取知识的一种辅助工具或方式，切不可为了教学形式而忽略学生实际来使用。

（五）利用生活实例导入课堂

积极的思维活动是一节成功语文课堂的关键，而富有创造性和启发性的课堂导入不仅可以吸引学生的注意力、激发学生的思维，而且可以引发学生对新知的求知欲和探索欲。因此，课堂导入的成与败会直接影响到整节语文课的教学效果。

语文课堂导入的方式是丰富多样的，在小学语文"教学生活化"中，教师根据学生的年龄、心理特征，特别是已有的生活经验，充分利用生活实例进行新课的导入。教师通过

生活实例对教学内容层层剖析，可以为学生营造出真实、生动、充满趣味的课堂学习氛围。然而，通过实际调查，教师在利用生活实例导入课堂时出现了若干问题，因而为了更好地发挥出该导课方式的价值和优势，教师需要遵循以下三个原则。

第一，教师选取的生活实例必须与新课内容紧密相关。生活中的事例是繁杂无限的，教师需要对其进行筛选，从中敏锐地发现与新课内容紧密相关的生活实例，运用于新课的导入，使导课切实有效。教师应将问题的侧重点放在学生对春天的感受上，首先可以询问学生眼中的春天，再逐步引导学生不用眼睛去感受春天，让学生描述有关春天的嗅觉、触觉、味觉等，最后回归课文，引出盲童这一主人公，为学生接受、理解课文内容奠定基础。

第二，教师选取的生活实例必须具有趣味性。生活化的导课形式有很多，而其中有些形式枯燥无味，既并不能激发学生的学习兴趣，也不能对教学内容提供显著的帮助。

第三，教师选取的生活实例必须要符合学生的认知水平。教师如果抛开学生的认知水平，用成人的视角、生活去讲述相关内容，学生听得一知半解，就会丧失学习新课的积极性。因此，教师必须要选取符合学生认知水平的生活实例进行导课。

三、改进"生活化"教学方法，丰富语文教学实践

（一）快乐游戏，感知与应用语文

爱玩游戏是孩子们的天性，使用生活化、活动化、生态化的教学形式传递语文知识，是孩子们乐于接受且行之有效的教学方法。游戏教学法便是一种将教学目标、教学内容与生动有趣、内容丰富、形式多样的游戏活动相结合，让学生在游戏中消除对学习的恐惧、获得求知的喜悦的教学方法。游戏教学法在小学语文"教学生活化"中主要有以下两种教学策略。

1. 角色扮演，在生活场景中感知语文

小学语文教材中，每一篇课文都通过语言文字记录了一定的生活信息和生活感悟。因此，教师可以通过角色扮演的游戏，把抽象的语言文字还原为生活中的各种客观事物，将真实的生活情境再现于课堂上，帮助学生充分调动身体的各种感官去感知、思考课文内容，体验言语文字隐藏与生活情境中的丰富意蕴。

2. 你追我赶，在竞赛游戏中应用语文

小学生的胜负欲和表现欲都比较强烈，通过竞赛游戏，可以为他们提供充分的展示自

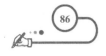

己的机会，在激发学习积极性、活跃课堂气氛的同时，也可以帮助学生更好地将理论知识转化为实践活动，达成学以致用的教学目标。

（二）自主合作，探究语文知识

实践证明，儿童之间有非常重要的影响作用，更有利于儿童迅速推理并建立新的关系。新课程改革也在强调合作探究式学习的重要价值，自主合作探究教学法就是一种引导学生通过先独立、后合作探究的方式建构知识的创造性学习活动，在激发全体学生学习兴趣、增进学生间情感、培养创新能力及合作能力等方面有着不可忽视的积极作用。自主合作探究教学法在小学语文"教学生活化"中主要有以下两种教学策略。

1. 增强自主学习意识

自主合作探究教学法的第一步就是让学生自主学习语文并提出问题，包括课前自主预习、课上自主思考发言、课下自主学习语文。

课前自主预习对课堂教学有很大的影响，课前自主预习的好坏程度决定着学生接受、理解新知的程度。由于学生个体间存在较大的差异，学生对课文的兴趣点、倾向性是不同的，因此课前预习的内容会有很大的不确定性。例如，有的学生会关注课文的作者，有的学生对课文内容更有兴趣，在这种情况下，教师不应过分地干预学生的课前自主预习，强制性地布置一些预习任务，而应积极鼓励学生根据自己感兴趣的话题自主学习课文。

在课堂中增加学生自主思考发言的机会，可以广泛调动学生学习语文的内在驱动力，营造轻松和谐的自主学习氛围。在课堂中，教师应让学生根据学习内容进行思考，主动提出自己的疑问，重视、包容每一个学生的课堂发言，把语文课堂交还给学生，让每一个学生能够真正地参与每一个语文学习环节，形成相应的语文能力。

课下自主学习语文是课堂语文学习的延续，然而小学生的自控能力较差，课下缺乏教师的监督，自主学习语文习惯的养成是一个长期的过程。传统的语文课下任务侧重于语文知识点的机械重复，更不利于学生课下语文学习习惯的培养，因此教师应改变课后语文任务的形式和侧重点，缩减背诵、抄写、默写等语文学习模式，增加有主观性的、能够结合个体生活的课后作业，以此激发学生的学习热情，养成在生活中自主学习语文的习惯。

2. 创设合作契机，培养探究意识

合作探究学习是现代语文教学重要的教学形式，也是小学语文"教学生活化"所积极倡导的。合作探究模式下的语文学习能够使语文充满活力，并适当地激发学生在合作探究中竞争学习的意识。在自主学习的基础上，学生已经能够针对学习内容提出自己的问题，合作探究学习便是要求学生相互之间交流各自的问题，并共同探索问题，通过合作的力量，最终解决问题。合作探究学习的形式可以是师生合作探究、同桌合作探究、小组合作探究，在小学语文"教学生活化"中，教师在指导时就可以从生活的例子出发，探索生活的问题，解决生活的问题。

在组织学生进行合作探究学习时，教师首先要设置合理的组员人数。通常情况下，组员人数过少，交流的信息量就会被压缩；而组员人数过多，成员的参与度就会受到限制。因此，合理的组员人数有利于保障交流的多样性，也能够让小组内每个成员都参与到讨论中去。其次，教师需要确定合作探究的内容。确定小组交流的主题是合作探究学习顺利开展的前提，如果合作探究的主题模糊不清，或者主题牵扯范围过大，就会导致合作探究缺乏明确的方向。因此，教师需要对教学内容进行深入的研究，找出教学内容中适宜组织学生共同探讨并贴近学生生活实际的话题，激励学生有感而发，在合作探究中培养学生的创造力和想象力。最后，教师需要做好合作探究的评价。激励性的评价能够有效激发学生的学习积极性，对于学生合作探究的成果要以鼓励为主，让学生多体验成功的滋味，调动学生的合作探究热情。与此同时，教师还应清晰地认识到，小组合作探究活动的顺利展开建立在每个小组成员共同努力的基础上。因此，在进行评价时，教师要将对小组整体的评价与对小组成员个人的评价相结合，对每一位成员的参与程度、合作能力、创造能力等方面进行适当的评价，肯定每一个学生所做出的努力。

（三）运用生活化教学语言

教学语言是教师进行教育教学的重要手段，是表达和传递知识的主要工具。对小学生来说，小学语文教学内容比较抽象、难以理解，这就需要教师用通俗易懂的、贴近学生生活的教学语言来表达语文知识，使学生更容易理解。简单的语文游戏，不仅可以促进学生的积极参与，还能培养学生的合作意识和责任意识，让学生体会成功的喜悦，更重要的是学生可以在游戏中体会语文价值，领悟语文知识。教师通过语文游戏的方式进行教学，不但符合学生的语言规律，还能提高教学质量，提高学生的语文能力。

四、更新"生活化"评价手段，激发学生的语文学习潜能

教学评价是教学过程不可或缺的重要组成部分，它对课程、教师教学质量及学生学习情况进行测量、分析、评定，从而让教师根据这些信息，了解教学工作开展的实际情况，对教学工作进行监督和优化。教学评价是语文新课程改革中所强调的一个重点方面，与此同时，推行语文素质教育的最大阻力及最大难点都在于现行的语文评价体系。教学内容等

于考试内容，评价形式等于考试形式，已经成为当下语文教师的普遍选择。无论是对语文新课程改革、语文素质教育的推行，还是小学语文"教学生活化"，都呼唤着语文评价体系的转变。

小学语文"教学生活化"将教学评价作为一种由教师和学生共同建构的生活，在这种生活中，学生是一切活动的主体，教师成为学生生活的观察者、测量者及评价者，从观察学生对生活的体验和感悟，到测量学生在生活中所获得的知识和技能，最后形成可以促进学生综合素质发展的评价。学生的能力是多面的，每个学生都有各自的优势，学生在语义知识的建构活动中，表现出的语义素质不是单一维度的数值反映，而是一种多维度的综合体现。因此，教学评价也应是多面的、综合性的。新课程改革倡导"立足过程、促进发展"的教学评价，在小学语文"教学生活化"中，多元评价体现在评价内容的综合化、评价主体的多元化及评价方式的多样化三个方面。

（一）评价内容综合性，提高学生"学以致用"的意识

无论是学生的学习生活还是课外生活，其中都蕴含了丰富多彩的教学资源和教学价值，教学评价作为对教学过程及结果进行价值判断的一个过程，同样可以与学生的生活相结合，为小学语文"教学生活化"的教学决策而服务。

考试作为教学评价的主要组成部分，可以检测学生掌握的语文知识、语文学习能力等。新课程改革要求"考试内容应加强社会实际，学生考试内容应加强与社会实际和学生生活经验的联系，重视学生分析问题、解决问题能力的培养"。除此之外，新课程改革后，语文教学也设立了关于学生知识、能力、情感态度价值观三位一体的教学目标。然而，在绝大多数的语文考试中，仅仅关注了对学生语文知识和能力的考查，命题形式远远脱离学生的生活实际，割裂了语文与生活间密不可分的联系，导致无法在语文考试中发挥出语文之于生活、生活之于语文的旺盛生命力。因此，让语文试题密切联系学生生活实际、让语文考试回归学生生活势在必行。

语文考试中可以考查的内容在生活中比比皆是，例如，可以让学生在具体的情境下（如运动比赛、校园文艺活动等）设计一段解说词；让学生根据当下热门的某一主题（如垃圾分类等）去设计一段广告词；如何与特定的人打交道或写一封信；到饭店、宾馆等场所如何做礼仪迎宾；爸爸妈妈生日时，你会做些什么等。这样的命题自然、亲切，在确定、真实、具体的生活问题情境下进行了生活化的测试，对于学生来说，这既是一种创造性的挑战，也是一种语文能力的展示，既考查了学生的语言素养、写作能力，也增强了学生对生活的关注意识。凸显地域文化特色也是语文考试生活化的充分体现，让学生根据自

己的游览经历或是阅读试题给出的相关材料去为家乡的旅游景点设计一条宣传语，在语文考试中融合语文学科的人文性，让学生在考试中也能获得关于地区历史、地理、风土人情等知识，并学会用"语文的心灵"和"语文的眼睛"去观察生活、思考生活、表达生活。

除考试之外，若想要考查学生的语文综合能力，教师可以组织学生办一期以自己生活为主题的小报纸。在此过程中，语文教师对学生搜集、查阅、整理资料的实践操作能力，以及学生的创造能力、写作能力进行考查，并让学生根据自己的成果进行汇报、交流，这样就对学生的口语表达能力又进行了考查；学校也可以在组织学生春游、秋游等活动中，让学生拍摄所在地区的自然、历史或人文景观，并附上自己在拍摄过程中的所见所闻，以展览的形式在校园内分享；教师也可以组织学生记录自己的生活点滴，如做家务、旅行、过生日等，并将这些记录进行整理、评价，作为学生的语文学习成果之一。除了家庭生活，教师也可以在评价过程中让学生关注社会生活，如在班级围绕当前社会共同关注的问题，举行"新闻发布会"，鼓励学生各抒己见，热烈交流，教师根据每个学生的表现进行记录、评价。在这些生活化的教学评价中，既关注了学生感兴趣的话题——生活，使教学评价不再枯燥无味，又可以在对学生进行评价的过程中对学生的各种语文能力进行锻炼与提升，达到了事半功倍的效果。

（二）评价主体多元化，引导师生、家长共同参与评价

1. 教师评价

人本主义心理学认为，"初级阶段自我认识的产生与发展受制于他人"。由此可见，教师对学生的评价会对学生，甚至是学生自我评价的发展产生非常重要的影响。教师对学生进行客观公正、准确明了的评价，不仅可以让学生对自身及自己的学习情况认知有一个基本的认知，也能够让学生在此基础上形成进行自我评价和相互评价的能力。在小学语文"教学生活化"中，教师同样需要对学生的语文学习进行及时、恰当的评价。

2. 学生自我评价和相互评价

学生自我评价是元认知的重要组成部分，在此过程中能够发挥学生的主观能动性，对学生的智力、非智力因素等发展都有着不可忽视的重要作用。在小学语文"教学生活化"中，自我评价是学生对自身语文学习情况的评价，可以作为整个评价过程的初始阶段，其发生的场地不局限于学校，要让自我评价渗透进学生的日常生活中去，使学生的自我评价灵活、及时、动态地进行，既可以是学生对自己解决某一语文问题的评价，也可以是完成某项语文作业、进行某项语文活动的评价，还可以是对自己在某一语文课堂中表现的评

价。自我评价的过程实际上是学生对自己语文学习的反思过程，在这个过程中，学生可以主动发现自己的优缺点，反省自己的优点与不足，从而形成更加有效的学习方法，提升学习效率，培养自我控制的意识，甚至对学生健全人格也起到一定的帮助作用。

在提升学生自我评价能力的同时，也应充分发展学生之间的相互评价。学生相互评价有诸多的优势：首先，评价主体为同一高度和水平，易于被学生接受；其次，对学生学习有很大的激励作用，使学生相互监督、相互学习；再次，在互相评价的过程中，学生的观察能力、言语表达能力也得到了很好的锻炼；最后，可以培养学生虚心听取他人意见、诚恳对待学习伙伴及良好的团队合作精神。

3. 家长评价

新课程改革提倡让家长参与到教学评价的过程中，学校和家长形成长期、密切的合作关系，共同完成对学生全方位评价。生活中，学生期盼家长的认可、表扬和鼓励，家长对学生的评价不仅能够让学生更全面地了解自己、认识自己，而且对学生的学习意识和意愿有着重要的影响，对学生学习的目标与方向产生重要作用。与此同时，家长参与评价，可以更加及时地了解孩子的学习情况，对孩子的学习起到监督、引导和鼓励的作用，并在此过程中充分融洽亲子关系，携手家校共育。在家长评价中，家长可以向教师提供如学生在家是否按时完成了作业、是否进行了额外的语文学习、是否参与了与语文学习相关的活动等信息，让教师对学生在校外生活的学习情况有准确、充分的了解，从而对教师进行语文"教学生活化"及教师评价有所助益。

教育不仅是教师、学校的责任，更是家长的职责，"家校合一"的评价对实现小学语文教育的培养目标，以及保证学生的健康发展有着重大的意义。然而，由于职业、经济、生活环境等因素的影响，有的家长无暇关心孩子的学习，有的家长不重视孩子的学习，也有的家长没有信心对孩子的学习提供帮助。在这种情况下，学校应该更加鼓励家长，定期联系家长，针对学生的学习情况给予及时的反馈，并对家长做出相应的评价指导；在家长评价过程中，也与家长保持密切的交流，及时给出针对性的意见，充分调动家长参与评价的积极性，更好地发挥家长评价的功效，让学生在学校和日常生活中都能够得到更好的发展。

（三）评价方式过程性，实现学生自我发展

新课程改革指出评价方式要多样化，而传统语文评价方式单一，以终结性评价和绝对评价为主，导致教师和学生过分追求学习结果而忽视了学习过程，丧失了评价的教育作用。小学语文教学生活以实现学生的全面发展为目标，关注每一个学生动态、综合、可持

续的发展，希望通过多样化的评价方式，使学生明确语文学习的方向，制订语文学习的目标，从而实现自我认识、自我教育和自我发展，提出了形成性评价与终结性评价相结合、绝对评价与相对评价相结合的要求。

1. 形成性评价与终结性评价相结合

传统的语文教学评价注重学生对语文知识的掌握，缺乏对学生能力、情感的考查，因而不能使学生充分认识到语文学习对生活的意义，也无法将所学应用到生活中。在小学语文"教学生活化"中，学校和教师不能只采取"一卷定性"的终结性评价，而要注重配合以形成性的评价。

形成性评价的形式多样，主要有观察、记录、测验、调查、咨询等，教师通过形成性评价，对学生的语文学习展开持续、长期的评价。形成性评价覆盖了学生语文学习的整个过程，它可以帮助教师发现每个学生的学习情况及其潜在的学习能力，帮助教师根据学生的学习需求及时调整教学，提高教学效率。相比终结性评价，形成性评价更适合关于对学生学习兴趣、态度、价值观等特质的评价，关注学生课内外整体发展变化的情况。因此，实行形成性评价与终结性评价相结合，有助于教师对学生的课内学习和课外学习、理论认知和实践能力等都能有充分的了解，能真实、准确地评价出语文教学的实际效果，实现小学语文教学生活的目标。因此，教师在日常教学评价中，既可以通过考试的形式对学生语文知识掌握的情况有所了解，也可以通过设置生活情境观察、生活情境问卷等方式对学生语文的综合能力进行考查，获得学生关于语文学习的真实情况。

2. 绝对评价与相对评价相结合

传统的语文教学评价以绝对评价为主要形式，以绝对的预设目标作为对学生评价的客观标准。虽然绝对目标的设置可以一劳永逸，帮助学生了解理想与现实的差距，更清晰地认识自己的实际水平，但这种评价方式忽视了个体的差异，剥夺了学生的个性发展。因此，教师需要关注学生过去的语文学习水平、现在的语文学习情况及将来的语文学习发展趋势，在三者的比较中对学生做出全面、客观的评价。例如，教师可以建立学生语文学习成长记录袋，将学生在学校、家庭、社会中的语文学习情况进行收集、整理，进行及时、动态的评价，并定期组织关于成长记录袋的班级交流活动。在此过程中，让每一个学生都能清晰地认识到自己过去、现在的语文学习情况，通过两者的比较构建出将来的语文学习目标和计划，从而培养学生可持续发展及终身学习的思想。

第四章 "探究团体"理念融入小学语文教学策略

第一节 "探究团体"理念与小学语文教学的适切性

一、"探究团体"理念融入小学语文教学的必要性

探究团体的特点能够改善小学语文课堂教学存在的不足，其融入是有必要的。第一，教师失去个性化教学导致教学方法较为单一，探究团体的融入能够让教师探索新教学方法；第二，由于教师教学理念陈旧造成教学重结果轻过程，在教学活动中注重探究过程可以促进教师发展新教育理念；第三，师生互动交流不足，探究团体注重对话讨论能够增强师生互动交流；第四，师生关系局限于教学关系，探究团体注重师生平等，其融入有助于形成新的师生关系。

(一)"探究团体"的融入有助于探索新教学方法

小学语文教学中，教师主要以讲授法为主，学生主要以接受学习为主。课堂中学生机械性地接受学习，这种教学限制了学生思维的发展，不利于学生探究精神和创造能力的培养和形成。探究团体与以往教学模式有不同之处，例如与问题导入教学模式存在最本质的区别是探究团体以学生为中心，在教学中引导学生发现并提出感兴趣的问题，而问题导入是以教师提问的方式导入新课，问题可以是预设的，也可以是在教学过程中产生的。学生在探究团体中能够自由的表达自己的想法，学生之间互相讨论，交流彼此的观点，共同探究问题的答案，有利于学生的探究精神的培养，探究团体教学法能够丰富教学方法，让其变得不再单一。教师要从学生的需求和兴趣出发，不能只按照自己的观点和兴趣进行教学，教师与学生是既独立又融合的主体，他们彼此也是互相尊重、互相影响的。民主合作，相互学习，学生能够在对学习和生活中所遇到的问题进行思考，并在探究其答案的过程中更好的锻炼思维能力。

　　问题是引发学生兴趣的起点，也是激发学生好奇、引导学生能够全身心投入到课堂的主要因素，对问题的提出与探究能够决定学生在课堂中潜能发挥的深度，教师也能够通过问题看到学生对此的态度和选择。问题可以促使学生积极认真地思考，在思考探究的过程中和同伴分享自己的想法，得到认同或是不同的见解都会让学生感受到乐趣，对这种学习方式也会更加感兴趣。在课堂中组织探究是持续激发学生思维的活动，实现学生的自由和充分发展。在探究团体的运用过程中能够充分发挥学生的思维能力以及表达能力，给学生提供充分的思考空间，并自主去建构所获取的知识，在课堂中能够让学生感受到探究的乐趣，体验充满思考、质疑、探讨的教学活动。探究团体融入小学语文教学能够形成新的教学方法，在探究的过程中教师要尊重学生的差异性，充分挖掘学生的潜能，点燃思维的火花，学生在积极思考的过程中能够将被动接受知识的过程转化为自主发展的探究。教师也要尊重理解学生，多多鼓励学生勇于提出自己百思不得其解的问题，敢于提出独辟蹊径的见解，激发一部分同学的思维来带动其他学生的思维，使每一位学生的潜能都能被最大化的开发出来。

　　思维是一种好的能力和品质，是人们智慧的集中体现。小学阶段是学生丰富自己精神世界、健全完整人格和完善思想认知的关键时期，而缺乏思考探究的课堂是不完整的，会让学生的思维得不到有效发展，慢慢地适应懒惰、不去思考的学习环境，会影响甚至阻碍学生的全面健康发展。教师通过引导的方式来启发学生的思维，更好地将学生多方面思维在学校之中得到践行，对教师来说，尝试对课堂教学方法进行改进，让学生在课堂教学中参与对话交流，可以有效地转变教师的教学理念和教学行为，提高教师的综合素养。新教学方法的融入，也会使语文课堂变得丰富有趣，在这种教学中，学生不再是孤立、彼此分离的个体，学习也不再是被动吸收知识的独立过程，一个班集体被视为由多个小组组成的大团体。学生与学生、学生与教师的相互合作成为了教学中非常重要的位置，在探究团体过程中互相促进和自我反思会成为学生更好的完成探究学习的主要手段。虽然班级都是安排好的，但是团体是可以在班级中建构的，小学语文的教材内容都是固定的，但在探究团体中针对教材内容，学生们会用不同的问题和想法，探究团体能够让学生有机会提出问题并进行讨论，这样的变化可以推动班集体从普通学习小组转向探究性的学习团体。与学生进行探讨可能是系统地鼓励孩子表达他们的理想和支持他们自我形成的最好方式。此外，学生之间进行哲学探讨应该被视为一种通常保持哲学本身活力的实践，这也是一种特别有效的教育实践。然而，我们与学生进行哲学探讨不仅仅是为了让他们为独立的生活做好准备，在这种实践中，学生的观念以及理想会受到大家平等的尊重。

　　小学语文课程标准中提出教师要引导学生主动思考，积极探究，自主探究的学习方式

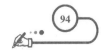

和有意义的接受性学习相辅相成，教师应更新教学知识以及改进教学方式，灵活运用多种教学策略，这为探究团体融入小学语文教学的必要性提供了依据。

（二）"探究团体"的融入有助于发展新教育理念

语文教学是生动活泼的，它的背后也是有着丰富的内涵，语文素养和儿童哲学中所培养的方面是有很多地方是相契合的，语文教学不能只注重知识学习的结果，忽视了教学过程，通过探究团体方法的融入小学语文教学中，能够引导儿童进行思考，培养独立思考的能力，提高学生的思维能力和想象力，激发学生的学习兴趣，让学生能够自主学习，并且关注学生的健康生活以及身心全面发展，探究团体的融入可能会发展新的教育理念。

教育理念是一种有关教育方法的观念，在一定程度上对教学活动起引导作用。假如一位教师的教学观念较为陈旧，教育方法比较落后，那么教师越投入，对学生的伤害越大。教师不仅是知识的传递者，更是学习的促进者、共同探究的合作者、个性化教学的创新者等等。探究团体融入小学语文教学，会让教师丰富教育理念，注重开展"生活化教育"，实施语文教学生活化。陶行知所倡导的"教学做合一"的方法能够使教师不断更新知识，学生能够不断掌握新的技能，师生达到教学相长，教学做合一强调学生的实践能力，改变传统教育的灌输式讲授法，更加突出学生的主体地位，使教师和学生都能够将理论与实践结合。生活是兴趣之源，在探究团体中，教师也可以从学生的生活角度出发，进行的问题探究能够让学生联系实际生活来表达自己的想法观点，关注学生周围的生活，更能引起学生的好奇心，激发学生的想象力和思维能力。

探究团体特点之一便是比较注重探究过程。探究团体可以保护学生的探究兴趣，促进学生哲学思维能力的发展，并且培养学生的逻辑推理和解决问题的能力。在探究团体中进行学习，不仅能够发展学生的语言和思维技能，还可以帮助学生建立自信心，探究团体是一个促进个人成长的思考圈。探究团体过程的每一步都是非常重要的，课堂被认为是一个多元化的团体，所有成员都有积极参与的公平机会，在这个探究的过程中，学生也能够进行独立思考，不再像以往一样，只是被动的接受教师所传授的书本知识，没有过多的思考，交流和探究的过程逐渐使课堂形成一个合作的团体。探究团体能使学生理清自己的观点，并为自己的观点找到合理的理由，在头脑中锤炼出自己对世界的看法，进一步明确自己的价值观，明确自己诠释经历的独特方式。在一个多元化的课堂中，学生们有望蓬勃发展哲学思维，在这里，学生们谈论着各种各样的生活方式和经历，思维方式能够多元化。在探究的过程中，那些思维缓慢但论据有力的学生得到的尊重不亚于那些快速清晰地提出自己观点的学生。课堂上各种各样的思维方式，加上各种各样的生活背景、价值观和经验，对创建一个探究团体有重大贡献。

探究团体的融入不仅能够发展教育理念，还能够拓宽教师的教育视野。儿童哲学是儿童对自己的世界有一种想象和好奇，对问题产生困惑，进行思考和探究的一种哲学研究。而儿童哲学中的探究团体就是能够让同学们对问题进行充分的思考，与同伴表达自己的看法，进行质疑反思，并且去探究问题以及解决问题的一种教学方式。在语文教学中引入探究团体来开展教学，可以为学生和教师提供一种新的教育方式，拓宽教师的视野，也可以帮助教师重新认识学生思维的独特性。教师采取的对话方式进行教学并且与该学科原有的教学方式共同促进课堂师生的交往互动，并且要求儿童主动思考表达，使学生成为学习的主体，培养学生独立思考的能力以及创新意识。在小学语文课堂中，哲学的作用是在新旧文化之间架起一座桥梁，用学生们自己的语言将文化的基本思想带入意识之中，通过探究帮助学生把传统知识转换为自己的知识，并且通过自己的想象力将它重建成一个更连贯、更有意义的版本。教师不仅仅能够让学生学习到书本上的知识，也能够通过探究团体的融入，让学生慢慢地去了解哲学、认识哲学并且接受哲学。

（三）"探究团体"的融入有助于加强互动与交流

在课堂中师生互动交流不足，教师主导了整个课堂，导致教师和学生的有效交流互动少之又少。学生不能很好地理解同伴的想法，不能很好地对老师提出的问题进行思考，在互动中不敢发表自己的想法、不敢质疑。探究团体的教学方法注重对话探究，关注学生的思考，鼓励主动参与探究，能够在探究中提出疑问和观点，激发学生思维，培养学生解决问题的能力，能够有效地解决缺乏互动的问题等。

探究团体还有一大特点，是以对话为基础的探究，这也是开展探究活动过程的重要环节，而语文和对话是相辅相成的，在教学中进行师生、生生对话有利于推动学生的思考和对所学知识的进一步理解。语言交流是人类进行思考和学习的主要工具。对话在团体的发展中起着核心作用，因为我们要学会换位思考，把自己放在对方的位置上，能够更加清晰的了解如何进行有效沟通，通过大家共同讨论进行交流，能够进一步将自我融入到团体中。对话也分为师生对话和生生对话，师生对话是教师和学生在语言沟通的基础上相互碰撞，彼此分分享经验和感受，促进知识的再生成。生生对话可以最大程度让学生参与到探究活动中，激发学习的主动性和积极性，在探究过程中，通过对话讨论，取长补短，共同成长，生生对话也更加贴近学生的生活，内容更加丰富，同时也能够提高学生的表达能力以及沟通交流的方法技能。无论是学生和学生之间还是教师和学生之间的互动交流，对探究团体的开展都是至关重要的。

教师是促进问题的沟通者，同时也促进探究团体的对话沟通，产生对话的前提是要有一个学生感兴趣的话题，让学生进行独立思考的最好方法就是和同伴进行理性交流互动。在探究过程中教师要引导和鼓励学生根据已有经验去寻找问题，探究团体融入小学语文教学，不再是单一的教师问，学生答，更多的是让学生去提出问题，师生共同去探究，进行双向的交流沟通，达到有效的互动。教师在组织引导对话的过程中，学生之间难免会发生语言冲突，教师要帮助他们进行更多的交流，让学生脱离出自己的情绪状态，客观的去思考。良好的对话能让学生相互倾听、学习和理解，以达到耐心倾听理性表达的目的。在面对某一问题学生之间产生对立面时，教师要积极鼓励并且正确引导学生质疑他人观点，并对自己的观点进行归纳反思，教师可以利用自己积累的知识，多角度理解学生的不同观点，从而帮助学生更好的对自己观点进行梳理和阐述，最终实现有效的互动交流。

探究团体的融入能够加强师生之间以及生生之间的互动交流，只有通过与他人交流，一个人才能成为自己，正是通过与他人交流，这个世界才成为现实。语言和思维是相互重叠的活动，在课堂上向同学们说出自己的想法就是在创造和表达自己的想法，在某种意义上也是创造自己。在与人交谈时，隐含的东西就会变得明确起来，我们也正是通过这种方式，才能更好地了解我们以前只以模糊的方式才知道的东西。

(四)"探究团体"的融入有助于形成新师生关系

在平等开放的教学环境中，学生可以主动地表达自己的想法，针对感兴趣的问题展开自由讨论，千百个读者，千百个哈姆雷特，教师对每个学生都要有一定的认识，对于不同的学生因材施教，但也要注意转变教学中的主客体。探究团体中教师和学生应当是一种平等和谐的关系，教师与学生共同构建充满和谐开放的学习氛围，在这种氛围中更好地发展学生思维能力。

在探究团体中，教师和以往的角色不同，不再是课堂的权威者，而是转变为引导者、探究活动的推动者以及参与者。教师在参与学生对话讨论的过程中，提供自己的经验与学生交流看法，帮助学生找出问题、思考问题以及解决问题。在学生遇到困难时，要引导同伴之间进行讨论，通过每个人不同的经验交流，学生看待问题的角度也就越全面，教师有责任让每一位学生都能够自由的表达出自己的思想观念。促成一次成功的探究活动对于教师来说也是比较艰巨的一项工作，如果学生发现教师会容忍他们漫不经心的讨论，那他们就会继续闲谈，直到厌烦，达不到有效的对话交流，那么探究活动就是不成功的，教师的引导在探究活动中起到了非常关键的作用。教师也要懂得倾听学生的发言，尊重每一位学生的意见，获取学生的信任，这样才能建立良好的师生关系，让探究的氛围变得轻松、愉快。在每次的对话探究中，教师都要掌握好在不同观点之间要如何保持平衡的技巧，和学生共同讨论问题，推动学生的观点共享，教师也要注意在对话过程中尽量不要把自己的主观意见带到对话中，因为学生容易认为教师所说都是正确的，他们可能不会主动对教师观点提出质疑，这可能会对学生的判断以及对话活动造成影响，有些问题并没有准确答案，学生可以更开放、更自由地去思考问题。

在探究团体融入小学语文教学中，教师要放下自己的权威，主动参与到学生的讨论对话中，和学生围在一起展开对话，让学习氛围更加融洽，让学生不再害怕教师，师生一起探讨彼此的观点，寻找自己想要的答案。教师在互动中也要关注自己的言语和行为，教师是学生学习的榜样，一举一动对学生都会产生潜移默化地影响，不良行为也会影响学生的社会性发展。有学者提出"最近发展区"在最佳期限内进行的教学是促进儿童发展最佳的教学。这个理论也改善了传统的教学模式，把学生作为教学的主体，教师成为教学的引导者，以及促进学生的心理发展。探究团体融入小学语文教学也深受此理论的影响，学生在一开始进行探究时，难免会存在一些问题，教师的引导起着十分重要的作用，当学生的讨论探究逐渐步入正轨，教师也要学会"放手"，将话语权移交给学生，尽量降低对话的干预。在探究中教师不但要给予学生足够的尊重和信任，也要公平对待每一个学生，在学生表达自己观点的时候要认真倾听，也正因为这种相互传递，能让教师和学生在相互理解、相互影响、相互合作的关系中不断建构，共同成长，形成一种平等开放、民主合作的师生关系。

二、"探究团体"理念融入小学语文教学的可行性

小学语文教材中的很多主题都能让学生产生好奇和兴趣，能够促进学生之间产生对话，为探究团体的融入提供了现实依据。教师要为学生创设良好的学习探究环境和讨论氛围，同时让学生也乐于探究并期待探究过程，为探究团体的融入提供重要条件。探究团体的核心在于对话讨论，教师引导学生对话思考，为探究团体的融入提供操作可行性。

（一）巧用资源激发兴趣为"探究团体"的融入提供现实依据

小学语文教材是含有哲学资源的，这些蕴含着哲学的课文都能够成为教师或是学生提出儿童哲学相关问题的载体。在小学语文教学中，对学生进行哲学教学的空间是非常大的

语文教材蕴含着丰富的哲学资源，可以激发学生产生哲学式好奇，进行对话。哲学式好奇是开展探究团体的首要条件，学生在教学中产生哲学式好奇并提出感兴趣的问题，有助于推进探究的深度，从而有效开展探究团体，并在此过程中培养学生的哲学思维。探究

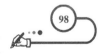

团体离不开提问，而激发问题最常用的就是使用具有哲思性的故事，语文教材中就有这方面的资源，根据学生针对语文文本提出的问题，运用探究团体的教学方法，不仅能够对学生进行哲学教育，还能激发起学生的学习兴趣，而兴趣是学生最好的老师，也是学习最好的原动力。小学生正处于身心发展的关键期，他们有着强烈的好奇心和求知欲，激发学生的好奇心和兴趣，是小学语文教学开展探究团体的起点，他们有广泛的兴趣以及比较活跃思维，教师要多多关注学生的兴趣特点，寻求较为合适能够激发学生兴趣的节点。

学生对学习材料感兴趣就是学习的最好刺激。在小学语文教学运用探究团体的过程中，关键是激发学生的好奇心以及对话题的关注和思考，教师要关注学生的生活以及兴趣，通过结合生活中经验进行探究，对学生所提出的问题进行及时的反馈。教师在呈现刺激物、选择讨论问题以及讨论交流的过程中，都要以学生的兴趣点为主，学生的兴趣可以由某种事物或者体验激发出来并且能够有效的促进探究活动。学生的兴趣点很丰富并且会有奇思妙想，因此教师可以将学生的提到的兴趣点记录下来。小学语文探究的开展过程中，教师要将学生所表达的观点进行简单梳理，帮助学生与同伴之间更加清晰的交流观点，在对话探究的过程中，教师针对学生疑惑不解的问题要给予及时的反馈。在讨论的过程中，教师可以随手记录学生提出的不同意见，对不同的论点进行简要归纳，从而鼓励学生多多发表想法，促进探究讨论多样化。师生之间以及生生之间的交流沟通是双向的，学生在这个过程中能够成长发展，教师也可以从对话探究中突破改变。教师需要对自己在探究中的行为以及方法的使用不断的进行反思，积极调整教学方式，做一个教学的追问者，不断提高自己的能力和敏锐度。

随着科学技术的不断发展，教学设备也在不断更新。如今教师更多是使用多媒体技术来激发学生的兴趣。比如借助图片、播放动画视频等。这些方式适当的使用是可以让激发学生心中的求知欲和对话欲，但是如果教师过度利用这些方式进行教学，不仅激发不了学生的好奇心和兴趣，还会分散学生的注意力，得不偿失。在小学语文教材中，每篇课文都有与之相应的教学目标，这使教师对于每篇课文向学生传授的知识理念更加清晰明确。根据语文新课标的学段要求，低年级的语文课程目标基本是以初步理解课文和认真倾听能够清楚表达自己的感受想法为主，然而每节课都以相同的方法来讲授知识会让每一节课都变得枯燥无味，学生也失去了学习知识的兴趣，在小学语文教学中融入探究团体，也会吸引学生的注意力，重拾学习的乐趣。兴趣本身具有一定的感染力，学生对于教师的行为态度也是比较敏感的，教师不仅在教学中要多加关注并且激发学生的学习兴趣，自身也要对探究活动感兴趣，那么学生就会自主投入到小学语文课堂教学中，积极融入探究对话。

（二）享受探究环境为"探究团体"的融入提供重要条件

教师一般在课堂上总是严肃对待每位学生，认为只有让学生怕自己，才会认真上课学习，这样会使学习环境"冷冷清清"，缺少朝气和活力。小学生正处于活力最旺盛的阶段，是一群生命力满满的孩子，只要在课堂教学中给予他们足够的空间，创设良好的环境，往往会产生出人意料的火花。教师在课堂中多多鼓励学生，更利于探究活动的开展，久而久之，学生就会享受环境，乐于探究。

教师要为学生创设良好的学习探究环境和讨论氛围，在探究团体的运用过程中，教师不但要让学生明确探究规则，还要与学生一起进行探究活动，师生之间成为一个共同体，一起维护探究团体的氛围与环境。教师可以在有限的条件下适当的改变学生的座位形式，让大家都能互相看见，师生同坐在一起，让学生能够感受到民主平等的探究氛围。可以让学生从之前被束缚的状态下解放身心，感受到思维与讨论的自由。在探究讨论的过程中，由于一个班级人数过多，需要以小团体的方式进行讨论，能够让每位学生都能够参与发表自己的观点，但是学生难免会因为意见不同发生争执，教师要帮助学生学会理解不一样的思维方向，学会认真倾听，以平等的关系进行探究，在这一过程中教师就引导学生理解如何尊重他人并且与同伴进行良好的合作。在探究开始前教师要让学生有足够的安全感，教师可以创设一个学生不用担心被同伴嘲笑、被教师忽视的探究环境，学生能够大胆发表意见，享受探究过程，良好的环境需要教师去用心对待。

教师要让学生在学习探究的过程中，享受环境的熏陶，同时让学生也乐于探究并期待探究过程。学生的学习动力除了对外在事物充满好奇以外，教师对学生的鼓励也会增长探究兴趣。教师在运用探究团体的过程中要为学生创设一定的环境，让学生能够享受探究环境并进行不断地鼓励。教师应该为学生提供一个有刺激和鼓励的学习环境，能够刺激学生的独立自主能力，并且在探究过程中培养学生的批判能力，这样学生才能够提出更新颖独特的观点，教师要及时对学生的反馈给予赞扬和鼓励。培养学生乐于探究并且享受探究过程不是一件轻而易举的事情，教师要引导性学生提出哲学问题，并组织学生进行讨论交流。教师要控制好外界环境，让学生在探究过程中不断激发哲学思维，教师以提问的形式让学生们发现不同的哲学观点，发散思维。教师要有耐心地鼓励学生发表独到的见解，及时引导学生观点尽可能的陈述完整。为了使探究团体的运用达到教师的预期效果，教师要懂得如何让学生主动获取知识的理解，学习知识并不是一味的通过死记硬背的方式去掌握，是需要环境的相互作用，学生应该是在积极的探究中进行学习，独立思考，交流讨论，和同伴一起探索问题的逻辑，享受探究的乐趣，这才是探究团体融入小学语文教学的真正意义。

（三）引导对话思考为"探究团体"的融入提供操作可行性

探究团体教学方法的目的是将课堂转变为一个让学生进行对话思考的环境，让学生的探究头脑有足够的空间对不同思想进行相互探索。"只有通过思考和交谈，我们才能创造一个更美好、更公平的世界。"

探究的基本要求是澄清观念，探究团体的核心在于对话讨论，目的是为了希望别人能够清楚自己的想法，同时能够反省他自己的思想。通过引导和启发儿童原有的潜能，通过团体合作和对话的方式，发展儿童交流的能力，引起儿童的好奇心和求知欲。从接受性学习转向怀疑性学习，帮助儿童学会独立思考独立学习，选择富有哲理的故事，通过儿童的提问、独特的对话、共同探讨的方式，引导儿童讨论哲学问题，促进学生发展哲学思维能力。对话是人们彼此之间最简单真诚的沟通方式，苏格拉底（Socrates，西方哲学的奠基者，古希腊三贤之一）就是用"对话"的方式与学生讨论哲学问题，他提出问题，让对方发表自己的看法，然后又指出其中的疑点，要求对方解释澄清，通过一系列的解释澄清，迫使对方对自己原有的观念产生怀疑，进行反复思考和不断的修改，让自己的想法逐渐变得清晰起来。在对话的过程中，学生要集中注意力认真倾听，能够对别人的观点展开思考和判断，取长补短。苏格拉底认为，如果对话是哲学的，就应该有一个目标，那就是每个人对知识和行为中的真实以及适当的理解，正因为我们不知道真理，我们才需要说话。对话不仅仅是"说"，还有"听"。当我们的观念在有意识中形成以后，通过语言表达出我们的想法让大家所了解；而在他人"说"的同时，我们要"听"他们在表达什么，了解思考他们所呈现出的观点；语言和倾听相结合才能搭建一个良好的对话讨论的桥梁。

在探究团体融入小学语文教学的过程中，学生不能只是被动的回答教师所提出的问题，或者在学生回答的方向与教师所设想的不一致而被迫中断对话，教师创造机会，让每位学生的声音都能够得到释放，不论是否和教师的观点相同，积极引导学生进行对话，学会沟通。在对话讨论时要认真倾听同伴话语中所表达的含义，通过对话能够了解彼此之间的想法、理由以及推理辨别，逐渐形成批判性思维。将探究团体融入小学语文教学中使用对话探究可以增进学生之间、师生之间的交流，互相交换想法，拓宽看待问题的不同方向，让思路变得更加清晰。在探究团体教学方法当中，对话的过程就是教育，学生之间进行对话交流就是团体探究的过程。探究团体需要教师将学生视为平等的个体，确保学生有平等对话的权利。教师是引导者、促进者，要适时引导学生，强化教师与学生主体之间的联结，善于捕捉到具有哲理的讨论内容和话题，促进探究的深入。教师更是探究团体的参与者，和学生们进行开放的对话，师生、生生彼此之间倾心交谈，认真倾听别人的讲话，鼓励学生发表自己的观点。因此教师应脱离传统的教学观念，和学生们共同探究，互相成长。

探究团体融入小学语文教学中，教师要善于发现并且能够持续跟进学生的想法，积极引导学生将自己的想法见解能够清晰完整地讲述表达，帮助学生把握对自己观点想法进行反思的工具。在开展探究的过程中，教师可以培养学生的辨别能力，注重引导学生去思考哪些观点是对的，哪些想法是错的，并不是大家说出来的每一句话都是正确的，学生要懂得辨别，并且提出合理的质疑。教师在教学过程中要避免硬性灌输，探究团体教学中对话的目的之一是教师充分利用学生对周围事物的好奇心，来引导学生产生对事物的困惑和疑问，能够自主思考和辨析，共同探讨进行反思，把人们的思想精髓和科学的思考方式，融入到学生的心灵和经验中，从而更好的发掘学生的批判性、创造性、关怀性、协作性思维能力以及想象力和语言表达能力，养成善于思考的好习惯。思考可以让学生产生兴奋和良好的情绪，它向学生们提供了可以讨论和分析情绪的方式，学生的价值标准是经过深思熟虑的，如果学生对自己的需要、兴趣、活动开始进行反思，那就说明在探究中的哲学讨论对学生起到了帮助。

第二节 "探究团体"理念融入小学语文教学的具体方法

一、"探究团体"理念融入小学语文教学目的

传统的小学语文教学目标分为知识与技能、过程与方法、情感与态度三大方面，儿童哲学课程教学目标分为思考技能和情感态度价值观两个维度，包含提高推理能力、发展创造力、培养获取生活经历之意义的能力、推动个人成长和人际交往能力的发展以及增进对道德理解五个方面。将儿童哲学教学目标与传统语文教学目标相结合，归纳出三个探究团体融入小学语文教学目的：发展学生思维能力、培养学生探索能力、培养道德情感能力。

（一）发展学生思维能力

教育目的规定了学生的发展方向，培养学生的独立思考能力和发展逻辑思维能力。思维能力是指学生在学习语文的过程中产生联想想象、比较分析、归纳判断等认知表现。思维具有一定的灵敏性、独创性、深刻性以及批判性，学生要保持一定的好奇心和求知欲，

培养积极思考的良好习惯。思维主要包括直观思维、具体形象思维、批判性思维、抽象逻辑思维、创造性思维等。在教学中，不仅要学习语文知识，还要培养学生的思维习惯，发展学生的思维能力，哲学问题会激发学生对观点和偏见的质疑，可以帮助学生培养批判性思维能力。只有当学生学习如何运用他们的才智时，他们才能够意识到存在的价值，教师要鼓励学生认真思考自己的观点是如何形成的并且明确表达，那么学生的独立思考能力以及逻辑思维就会得到好的发展。

在小学语文教学中融入探究团体，即在语文教学过程的某一教学环节中，可以引起学生的思考，循序渐进培养学生的思维习惯和能力。"学生的提问、思考和共同讨论是提供给学生最大的智力挑战的方法。"在探究过程中往往是以学生的兴趣出发，学生发出的提问都是他们喜欢并且感兴趣的话题，也是比较符合这个阶段学生的认知能力。在课堂中，学生或者同伴提出问题来代替教师提问，是会让他们高兴的，整堂课的氛围也不再是枯燥无味，在这种轻松的形式下，可以激发学生的探究精神，提高学生提问、思考和讨论的积极性。"思维不纯粹是个人内心深处的活动，没有交谈就不会产生内心活动。"这句话也充分体现了思维和语言之间密不可分的关系，进行对话就必须要去思考，在对话中，我们不仅要知道对方想表达什么，还要思考我们如何进行更有效的交流，如果有不同观点，我们也要及时质疑和表达。

在语文教学中融入探究团体教学法，在这个过程中能够让学生去发现问题进行讨论，进一步促进学生的思考，培养学生良好的思维能力和习惯。教师需要激发学生的想象，可以不用直接给出问题的正确答案，通过让学生进行讨论交流来引起他们的求知欲和兴趣，学生可以利用已有经验或者是发挥想象力，来思考观点背后的理由，达到发展思维能力的目的。教师鼓励学生开拓思维，进一步激发学生的发散性思维，教学效果也许会更好。

（二）培养探究表达能力

发展学生交流、合作、探究等实践能力，对周围事物具有好奇心，能对感兴趣的内容提出相应的问题，结合其他科目的学习以及生活中的经验交流讨论，提出自己的看法解决问题。对于低段年级的教学目标提到学生要学会倾听并且能够理解别人所表达的内容，不理解要及时请教，有不同意见也要及时表达，愿意与他人分享，增强表达的自信心。探究团体注重学生的思考过程，鼓励学生主动提出自己的想法和疑问，鼓励学生对个别观点进行质疑，鼓励学生对教师的观点提出不同意见。在教学中，给予学生充分的自主权，培养他们探索问题以及解决问题的能力。

语言是人们思想交流的工具，所有的课程都是以语言为基础的，交流是能够反映思维的一种表达形式。语文课是学科的基础课程，课堂中的对话可以相当于一门语言课，将探究团体融入小学语文课程是有必要的，从基础课程开始往其他课程中延伸，进行相应的更丰富的教学。在教学过程中，发问、理解和探究的努力是至关重要的，探究团体的教学方法并不是一成不变的，教学应基于学生已有经验，也要正确地引导学生进行交流讨论，重视他们的兴趣。在探究群体融入的过程中，师生之间平等自由开放的交流环境，能更好地鼓励学生对于问题有不同看法，懂得倾听他人观点，从而质疑他人反思自己。

在小学语文教学中，结合对话与讨论，有助于培养发展学生的探究能力，与此同时，学生的语言表达能力也得到了较好的发展。随着学生逐渐渐意识到人们在探究中表现出的各种方式，例如质疑和不确定性，运用新的理论，进行适时的想法转变，这些都是他们寻求新观点或更好的判断的一部分，他们的倾听能力以及其他能力也会得到发展。学生在不受任何压力和阻碍的情况下乐于探索新思想，发散思维，教师的教学热情也会随之提高，教师和学生们共同进行问题的探究，从而达到培养学生探究表达能力的教学目标。

（三）培养道德情感能力

通过语文教学，小学教师不仅希望能够发展学生的思维能力以及探究表达能力，还希望学生能够通过探究活动的体验感受到生活中的真善美，更好的帮助学生建立积极正确的价值取向。情感是关于客观事物是否能满足自身需求的一种态度体验，是一种特定的心理反应，也是学生的学习动机和表达方式的重要因素。在探究活动的过程中会发现，学生在解决问题时会产生一些令人意想不到的新想法，也许是因为在小学阶段的学生不会考虑到社会生活的方方面面，这样的思路也会启发我们得到更合理的解决办法。比如，教师将学生放置于一个道德两难的情景中，让他们做出正确选择，不同性格的学生选择也是不同的，教师要引导学生树立正确的道德观念。在探究团体中，学生经常会在对话中表达自己的情感，这其实是基于道德的思考，而道德教育并不是灌输式的教育，而是通过学生之间的讨论反思学习到的。在小学语文教学中培养学生的道德情感能力，离不开对学生关怀性思维的教育，其核心是关心关爱关系的一种建立，实现真善美的追求需要教师拥有美德，当教师和儿童进行对话的时候，教师关心关爱儿童的想法，可以引导出新的问题，如果没有这种关爱的意识，很有可能会错失哲学探究的机会。关怀作为一种思维品质，它有着自己独特的意义，很值得我们去继续探索，培养学生的道德情感能力对教育教学有重要意义，我们不能够忽视其对于培养"全面发展的人"的积极作用。

将探究团体融入小学语文教学，在某种程度上也可以加强对学生情感态度价值观以及关怀性思维的培养，小学语文教材中也有很多思想性以及蕴含情感态度的文章，教师可以

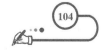

充分利用教学资源，挖掘故事中的情感因素，引发学生情感共鸣开展对话探究，并且能够对学生的态度、情感、心境、审美以及人生价值观产生良好的影响。

二、"探究团体" 理念融入小学语文教学步骤

一个探究不能完全独立于其他探究之外，探究活动源于自我反思和认知，但它依然在人们彼此沟通和合作中表现出来，为了避免在自我反省的思考中，可能会因为自己看问题的视角不够全面造成独断，经过与他人沟通探讨，会有新视角发现自己看不到想不到的一面，这也是"探究"需要"团体"的原因。在过程中能够引发儿童思考，而教学则是以"探究团体"的形式进行。

（一）呈现刺激物

刺激物是探究的引发起点，教师在探究团体中所选择的刺激物应该为学生探究提供场景，能够让学生在探究中做出创造性、充满想象力的回应。刺激物为学生思考提供了具有挑战性的环境，目的是吸引学生的注意力并且激发探究，探究的起点应该是要足够吸引学生的关注和兴趣并且是具有挑战性的。在典型的儿童哲学课程中，教师往往选择让学生通过阅读哲学小说中的故事开始思考，如果刺激物是一个文本，团体中的成员可以被邀请阅读其中的一段。其他形式的刺激物可能是教师或者学生提出一个关键问题引发探究、仔细观察感兴趣的物体和图片等等，一个看似很简单的主题，都可能带来深层次的探究。

（二）列出讨论的问题

在探究过程中学生可以在不同时间进行思考、反思以及提问。思考时间的长短取决于教师所呈现的刺激物，让学生去思考感兴趣的或者是令人困惑的地方。在这段时间里，教师可以邀请学生分享自己想和其他成员共同探讨的问题，并且将这些所提及的问题写在黑板上，成为可见的、可传递的问题，而有些问题也可以成为进一步探究的资源。这些列出的问题就是开展探究的证明，教师可以将这些问题记录在册，随着时间的推移，这些问题会逐渐丰富起来，在一段时间后，教师和学生可以对所提出的问题进行反思。

（三）确定讨论的问题

从问题列表中确定出讨论的问题有很多种方法，学生也有自己选择问题的方式，而选择问题也要注重团体共同探究的原则，要基于充分理由的、民主的，找到一种能够得到参与者最大认同和支持的方式。例如：

①随机抽取——可以将问题写在一张纸上，放在箱子里，然后从中挑选一个问题。

②学生选择——可以邀请一个没有发言的学生来选择感兴趣的问题。

③投票选择——学生举手表决，选择票数最多的问题，不可重复选择（可以是一轮或者多轮）。

④顺序递进——按照提出问题的顺序来进行讨论，以此类推。

确定讨论的问题要尊重多数人的意愿，教师可以在每一次的探究中让学生体验不同的方式，而每一种方式的选择也是有原因的。比如，如果时间不充足，需要快速决断的时候，就可以选择"顺序递进"的方式来确定探讨问题；如果大家都不发表确定问题的想法时，教师就可以"随机抽取"问题进行探究；如果学生想要探究感兴趣的问题时，那么"投票选择"就是最优解等等。在保证完成教学进度的情况下，在列出问题和确定讨论问题的阶段花费的时间可能过多，那么可以在下一节课进行讨论、对话或者是对活动总结延伸。团体探究应该每周进行两次，这也受到了许多教师的喜欢，而这种方法也有好处，教师可以灵活运用，不用因为时间问题就仓促结束探究活动。

当教师和学生是第一次接触探究团体时，在确定讨论问题的环节可以先用老师来选择，带领学生们思考和讨论，教师的问题链可以帮助学生们逐步接受适应探究团体的模式，为之后能够让学生顺利的确定讨论问题打下基础。教师在确定讨论的问题时要注意，最好避免选择一些一问一答就能结束的问题，往往这种问题都不能很好地进入深度探究。在学生逐渐熟悉探究团体模式后，教师就可以放手将选择讨论问题的权利交给学生，可以通过公开投票的方式来选择自己"感兴趣"的两个问题，"最感兴趣的问题"就证明这个问题是学生迫不及待想要和学生老师一起探究并且想要得到解决的问题，通过学生共同投票后，教师就可以让学生们对票数最高的问题进行深度探究，学生能够根据合理的想象来进行推理，展现学生们对于所学习的内容是否有一个很好的理解。

（四）对话探究

对话探究是探究团体运用中最重要的一个环节，在确定讨论的问题之后，就要进行对话探究。从对话本体的角度来看，对话空间是人与人之间开放的空间，其边界是流动的、不断协商的，真正的对话需要平等参与其中。每一位小组成员都有机会针对所讨论的问题来发表自己的观点和感受，在学生进行讨论时，教师作为引导者要鼓励学生尽可能多地表现自己的想法和不同的意见，并且能够认真倾听，促进小组成员的对话。台湾的杨茂秀教授提出良好的讨论有三个条件：第一，参与讨论者要有善意并且有想象力以及理解力；第二，参与者对他们所讨论的话题感兴趣，或具有自身的经历；第三，参与者要有宽阔的心胸。这三个条件相结合能够使对话讨论向更清晰、更明确、更深入的方向发展，简而言之，就是参与者要有一颗"善意、投入、开放的心"。在探究过程中，学生们需要意识到，这是一个在表达前需要思考的环境，并且在倾听的同时也要思考别人在说什么。一开始学生可能对于这种探究方式不熟悉，想要在团体中将理性对话维持下来是很不容易的，这时候就需要一些规则来配合讨论。学生在对话讨论的过程中，要将注意力集中在重要的观点上，并且来表达自己的想法。

（五）总结延伸

探究并不是以讨论结束为终点的，而是一个不断质疑、反思和试图形成对复杂问题的更好理解的一部分。在对话讨论结束时，学生可能会对活动有一种不完整的感觉，教师可以通过在学生讨论的过程中记录的观点、难题等，进行回顾与反思，这样可以提醒学生在这个探究的过程中说了什么观点、问了什么问题等。也可以让学生来进行总结"最后的观点"或者是对今天的探究活动进行分享感受，每位同学都有机会，可以自己选择跳过或者是简短的发表想法。教师也可以让学生把想表达的结束语记录下来，比如记录他们认为在对话讨论中有趣的观点或者是自己从未想到过的观点，也可以写下在探究的过程中还没来得及说的问题等等。

三、"探究团体"理念融入小学语文教学原则

（一）愿意投入探究

教师要善于观察并能了解儿童的想法，对于教材中具有哲学性的问题有一定的灵敏度，在生活中能够发现一些有趣、让人疑惑的问题，对哲学探究有较为强烈的兴趣，只有教师对哲学保持较高的热情，才能带动儿童进行积极的探究活动，使他们也能够对探究过程充满兴趣。教师要以身作则，否则会很难胜任引导哲学探究的任务，同时，儿童对待问题都有自己不同的看法，教师应当让儿童表达不同的见解，教师要留意儿童的想法是否经得起推敲，协助他们建构更为恰当的理念和价值观。

（二）坚持循序渐进

探究团体教学应该避免灌输，坚持循序渐进的原则，教师要根据学生的年龄、认知发展等因素来选择内容以及探究的主题，认知发展顺序不同的学生是否能一起探讨，教师也要按照由浅到深、由易到难、由简单到复杂的顺序来开展探究活动，只有通过循序渐进的教学，才能促进学生形成一定的逻辑思维能力。在探究的过程中，避免教师的单向灌输，

来强迫学生接受教师的观点，师生的共同参与，在自由轻松的讨论氛围中，让学生从客观的角度来判断问题，提出合理的观点，发展学生自主思考的能力。学生在哲学对话时，他们可以在自由的选择任何立场与观点。只有当学生能够客观的处理教师的意见，而不是被强迫的提出观点时，教师才可以对他们的讨论提出自己的意见。

（三）尊重学生想法

教育的目的就是把受教育者培养成为身心全面和谐发展的人，能够让学生保持持续的创造性发展，这就需要激发学生的独立思考以及创造性思维发展的能力。探究团体的教学要尊重学生想法，教师应关注学生的发展需求，鼓励学生在探究中勇敢提问、质疑、发表自己的不同观点，教师在学生提问时，不用立即给出答案或者自己的观点，要帮助学生理顺自己的想法，接触更多的观念，认识到自己表达观念之中的结论，帮助学生能够独立自主思考。在探究团体的开放讨论中，无论学生是表达自己的想法还是质疑他人的观点，他们的发言都是需要被尊重的，教师认真看待学生的想法，理解他们此时的感受，可以用不同的方式来引导学生表达更深层次的观点。

（四）彼此相互信任

探究活动就是在不断地澄清问题以及提出问题中进行，师生共同思考共同解决问题，教师是学生学习的榜样，要注意师生之间的语言以及非语言的传递，也要注意在互动中的言行举止，教师的一举一动都会潜移默化地影响学生。教师可以建立一个在学生表达自己观点之前，能够感受到教师氛围的示范，这样比对学生非语言的表达漠不关心的教师更能获得学生的信任，教师还能鼓励学生在探究过程中的专注，能够学习了解他人的意图。教师希望学生在面对问题时，能够冷静客观的思考问题，教师也要从多元的角度去看待问题，师生之间要建立互相信任的关系，这种信任并不意味着学生们接受教师所说的一切，教师也不能纵容学生们提出不合逻辑的想法观点，在双方都相互尊重的前提下，学生可以对教师提出合理的质疑和批判性的意见，教师要允许学生来评判自己的观点。

四、"探究团体"理念融入小学语文教学特点

（一）开放愉快

哲学探究是一个开放的、动态的过程，探究团体融入小学语文教学可以让学生充分发挥想象力，拓展的思维能力。在探究过程中，问题应该是开放的，不要求答案唯一，主要是为了让学生学会质疑和思考，以及阐述清楚自己的观点，让别人理解自己的想法。思考

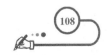

并不是一定要获得标准答案，而是更清楚地去理解问题。比如"海因茨偷药是正确的吗?""你认为好人是什么样子的呢?"等，学生不一定对于问题的回答做到一致性，每个人都会有自己的观点，要有充分的理由来论证，可以有合理适当的分歧与质疑。学生要思考自己所表达的观点会有什么样的结果，教师不能随意打断学生的发言，也不能强迫学生接受自己的观点，保持一个开放的态度，鼓励学生自己去寻求想要的答案。

（二）互动参与

互动参与也是探究团体融入小学语文教学的基本特点，正是因为有了这个特点，师生之间、生生之间才能进行真正的对话探究，让彼此之间可以敞开心扉，畅所欲言。教学中，不仅学生之间进行对话讨论，教师也参与其中，不论是师生还是生生之间，都是"我和你"的关系，是一种平等对话、彼此包容的关系，在教学中教师开展互动，学生参与互动，形成师生互动以及生生互动，构建一个共同体进行探究。

在这个共同体中，成员互相信任尊重，并且通过合作来创建互动环境，在探究的过程中，学生也会产生不同观点并且提出反驳，通过表述自己看法进行有效沟通，教师在这个过程中留给学生充足的时间进行思考讨论，并且以参与者的身份与学生进行讨论，发表自己的想法，师生之间的思想碰撞中不断产生新的认知。在小学语文教学中，部分教师会因为赶课程进度，为学生讲解重难点，留给学生思考提问讨论的时间就会被逐渐缩短，造成教师一言堂的场面，久而久之，就变成了灌输式教学，学生的思维得不到发展，创造力被磨灭，学生对学习的兴趣和热情也渐渐降低。探究团体融入小学语文教学，注重成员之间的互动，教师帮助学生理解课文内容，引导学生参与探究，充分发展学生的思维能力。互动参与是在开放愉快的基础上建立的，成员之间的相互尊重，在互动中能够拓展看问题的视野，独立思考，教师学生共同成长进步。因此，探究团体融入小学语文教学是需要师生的互动参与。

第三节　"探究团体"理念融入小学语文教学的优化策略

一、积极更新教学理念

（一）了解保护学生特点

学生对事物的认知特点主要是由整体向局部发展。一般来说，学生对事物的感受是从

整体出发，体验快乐与悲伤、恐吓与欢乐、友善与敌对等，因此学生需要做的是去探究、去发现、去分解以及去理解事物之间的关系，而教师要积极发展学生的整体感，同时也要注意帮助学生认识整体的各个组成部分。小学低年级的学生在处理部分和整体的关系上有一定的能力，但是这种能力由于学生生活的变化逐渐减退，如果在学校的生活中，学生无时无刻都可以感受到部分与整体的关系，那么教师就要格外注意将知识与学生的生活相联系，这样，学生对部分与整体关系的认识就会更加深刻。

教育在符合学生身心发展规律特点时效果最佳，在探究团体的过程中培养学生的思维能力，教师必须要了解并根据学生的身心发展特点来寻找合适的教学材料，运用能够引起学生思考的探究团体方式进行语文教学。不同阶段的学生有不同的发展特点，小学低年级的学生认知发展正处于具体运算阶段，具备一定的逻辑运算能力，可以将其运用于具体事物或者经历过的事情，教师要对学生进行哲学思维的引导，通过引用周围生活的事物来启发学生。小学高年级的学生认知发展正处于具体运算阶段向形式运算阶段的过渡期，这一时期要逐步强化学生的逻辑思维能力。在教学中，教师要明确学生的思考方式不同于成人，要根据学生的认知水平来提供合适的学习活动，开展符合学生思维方式的教育，只有这样，才能真正促进学生的思维发展，在语文教学中更好的融入探究团体。教师想要更灵活的掌握探究团体，那么就需要认识到学生也具有天然的好奇心，对事物的探究欲望以及对事物认识的角度不同于成人等，教师要了解并且保护学生对一切事物感到好奇能够进行深入思考探究的宝贵哲学天性。学生正处于身心发展的关键时期，他们头脑里充满想象和思考，天真的奇思妙想需要教师去发掘，进一步引导学生学会思考。教师如果不能认同学生具有哲学天性，那就很难真正运用探究团体，很难发展学生哲学思维。如果没有教师的认可和保护，学生的哲学天性也会逐渐减弱，所以了解认同学生的天性并且对其进行正确引导和保护，是运用探究团体最重要的前提之一。

在探究团体融入小学语文教学的过程中，教师要明确了解学生的特点以及保护学生的哲学天性，及时发现引导学生需要思考和讨论的节点，为教师在小学语文中发展学生哲学思维提供了新的教学方法，并且转变教师观念，打开新视野。

（二）重视探究活动转向

探究团体的核心初衷是使学生在探究过程中通过和同伴之间的对话质疑反思，获得自主学习能力、交往协作能力、哲学思维能力等促使学生全面发展的关键素养，而这些素养的形成需要一定的过程，探究活动的"过程"相较于其"结果"更加值得被教师关注。教师一开始接触探究团体可能会由于各种原因使探究活动成为形式桎梏，不能发挥出其应有的价值，甚至会不及语文课程的深度而拉低学生的认知水平。探究团体的融入若要获得进一步发展，教师必须要改变这种只注重表面而忽略其本质的状况。

从一般探究转向科学探究，要更加注重学生的过程体验而非结果，强调间接经验以及反省思维掌控整体活动，力求在活动过程中提高思考以及思维能力，使其从表面的兴趣活动走向更深层更有教育性的学习。探究团体融入小学语文教学会逐步加深和拓展知识，从而使学生学习的注意力集中于探究中对于不同观点的理解和思考方面。总而言之，教师只有突破探究的表面结果，重视探究的过程，将学生在语文课程中所学到的知识储备和生活以及在活动中的经验适时联结，打破从认知层面过渡到更深层的学习探究中，才能改变探究团体融入小学语文教学中可能会流于形式的状况，发挥其真正作用。使教师能够更好地在教学中运用探究团体，重视哲学教育的独特价值。

探究团体是儿童哲学教育的主要教学方法，在探究团体中能够培养儿童的自主思考能力以及思维能力等，这是与培养全面发展的人观点相契合，也是培养全面发展的人的重要组成部分。由此可见，教师要对儿童哲学思想教育价值更加关注，逐步发现儿童哲学教育更深层次的思想精髓，更好的将探究团体融入到小学语文教学中，逐步发展学生的哲学思维能力。

二、合理运用探究团体

（一）制定规则灵活变通

无规矩不成方圆，探究的过程中，学生和同伴进行交流讨论，在持不同想法进行质疑澄清时，难免会发生争执，每位学生都有质疑和发表观点的权利，也都应该被尊重。为了让学生能够更快适应探究团体融入小学语文教学，因此在进行探究前，就应该制定讨论的基本规则，这些规则可以由老师制定，也可以通过小组讨论，达成一致统一制定。对于小学低年级的学生所制定的规则也不能太过于复杂，会抑制学生的兴趣，一不小心学生就会变得抵触。教师可以带领学生们讨论"在和同伴交流对话的时候应该遵守哪些重要的规则呢？"规则最多不宜超过六条，小组讨论之后确定最终的讨论规则。探究中讨论的规则也可以从交流、倾听、合作三个方面进行制定。

制定探究中讨论的规则有助于让学生调整最好的状态投入到语文学习中，学生不仅可以通过规则来要求他人，更能要求自己，同时也能够改善学生注意力不集中的问题。

问题与讨论是学生学习儿童哲学的根本途径，也是一种最佳的教学方法。探究团体融入到小学语文教学后，在展开探究活动的过程中，教师要掌握合理的提问方法，同时也要引导学生进行理性的提问。教师要对一些哲学问题具有敏感度，可以从学生们日常讨论中发现值得大家一起谈论的哲学问题，探讨哲学问题的目的是鼓励学生们提出质疑并且能够进行创造性的反思，培养学生的思维能力。学生在理解某个概念的过程中，往往会提出一些哲学问题，这些问题就可以成为讨论的开端。在探究活动中的讨论与其他的课堂讨论是有些区别的，是一种逐渐累积的向前发展，不断思考、不断分析以及不断澄清，学生可以在讨论的过程中发现不一样的世界。教师也要勤学善思，在讨论中也许会产生很多突发状况，教师需要采取灵活的应对方式，在开展探究前，教师可以学习借鉴一下其他实践者的教学经验，在面对类似问题时能够及时应对。比如在探究讨论时教师尽可能把话语主动权交给学生，可以让他们对讨论所产生的结果负责任；教师也要处理好哲学探究和论述经历之间的正确关系，教师多鼓励学生进行自己的阐述，从而利用经验佐证自己的观点，课堂的思辨讨论才会充满乐趣；探究应该是一个不断推进的过程，当师生、生生的对话讨论达到白热化阶段，学生之间听不进去对方的观点时，教师应该果断转移话题，引导学生进行其他话题的讨论，这样探究才能继续进行下去。

在探究团体融入小学语文教学后，不仅需要教师和同学一起制定讨论规则，还需要教师的灵活变通，这样才能很好地展开后续的探究学习。

（二）注重学生推理探究

教育应当是一种探究活动，教育过程必须能激发学生的思维，从而使他们逐步认识到世界整体性。在进行教学时，教师要注重在探究团体的过程中培养学生的推理和探究能力，当学生开始问"为什么"的时候，就已经在进行探究。哲学性的推理能够帮助学生发现事物之间存在关系并且开始辨别，教师要创造一个鼓励学生推理探究的环境，鼓励他们进行更进一步的推理探究。探究是以问题为起点，通过讨论交流将问题转换为对话，形成推理探究。所有的创造性思考、所有对问题的观察和判断都是一种探究，人类的深思远虑，包括哲学都属于探究。探究具有一定的目的性，在探究的过程中需要明确目标以及探究的方向，并不是漫无目的的进行探究。探究是一个有规则有逻辑的过程，需要师生和生生之间进行对话交流，教师需要在课堂中营造探究氛围，考虑在探究过程中如何更好的发展学生的思维能力以及推理探究能力等。

探究团体融入小学语文教学中，产生的探究可以是所学课文的内容中任何事物引起的好奇心，也可以是通过所学习的内容结合生活中的事物，从而激发学生兴趣的问题。教师在学生为了佐证自己观点寻找理由时，必须要注意在探究问题的过程中发生的一些具体情况，并且时刻关注团体探究的氛围、言行举止和观点理由等所包含的意义。学生不仅要了解如何进行探究推理之外，还需要讲述明确且充分的理由来证明自己的推断是合理的，让学生提出充分的理由的重点并不是提出与众不同的见解，更主要的是在于多多鼓励学生从讨论探究的问题中能够得出的不一样的答案以及思考问题的不同方向，然后从大家的结论中选择出最合理最能解决问题的答案。学生在找寻论证观点的理由时有几点要求需要注意，第一，对问题的讨论探究过程应该公正，教师对学生的观点不能持有偏见，最好保持中立态度，也不能忽视其他学生的质疑与想法；第二，在探究的过程中要客观地去看待问题，避免对结果产生先入为主的理念，实事求是地看待大家通过讨论探究所得出的相关结论；最后，在讨论过程中有不同见解时，不要嘲讽伤害同伴或使同伴难堪。

三、加强重构师生关系

（一）充分尊重信任学生

在教学中开展探究团体时，教师要充分尊重信任学生，教师最好不在教学中表达自己的标准。师生在参与探究讨论时，教师要反复强调，每个人都应该坚持自己的立场和观点，不受他人想法的干扰。当学生能够客观对待教师的想法和意见，不会对其有压力的时候，教师才可以在学生自愿了解教师的观点时，发表自己的看法。尊重和信任不仅是培养学生思维能力的必要条件，同时也是建立师生和谐平等关系的基础。教师和学生之间应当建立互相信任，积极沟通的关系，教师如果对师生关系不在意，那么在教学过程中，彼此之间的信任过不了多久就会崩塌，教师如果对于学生一些独特的观点缺乏见解，又或是一意孤行，那对于学生的思维能力的发展会产生阻碍。探究团体的运用既要鼓励学生的批判性思维，也要鼓励创造性思维，在小学语文探究的过程中，教师要保证讨论的过程中必须始终与主题相关。教师要尊重欣赏学生的想法，面对他们的追问不能用敷衍忽视甚至是嘲笑的态度来回应，面对学生一些稀奇的问题不能觉得他们幼稚不可理喻。

在小学语文教学中，教师不应该用所谓制度化的教育来束缚学生的天性，教师也不应该把成人的思想观念作为学生未来发展的预设强加在学生身上。教师要时刻牢记尊重和信任，这样的教学不仅有利于学生的身心健康成长，还能够激发学生的好奇心和探索欲，在探究的过程中能够进行批判推理及反思，成为推动社会发展进步的社会主义创新型人才。

（二）厘清师生职责角色

在探究团体融入小学语文教学中，探究基于学生兴趣和贴近生活的问题可能会成为课堂教学中讨论的重点，课程成为学生发挥的主场，教师退居其后，传统的师生关系也会发生改变。为了小学语文教学中探究活动的顺利推进，正确把握师生关系以及师生的角色职责是十分必要的。探究活动将学生的自主性放在重要位置，以对话讨论为特点进行探究，教师在这一过程中既是引导者也是参与者，教师和学生在探究中都是担任重要的角色，所承担的任务也有所不同，但是缺一不可。

教师要摒弃为学生操办一切的传统观念，抛去传统教学中知识权威的角色，不再是知识的全部拥有者，转变成为课程中掌握方向的引导者，教师和学生一样，在求知解惑的过程中权利平等。学生是探究活动的主要行动者，但是当学生们在对话讨论的过程中偏离轨道发生本能的冲动时，就需要教师发挥引导作用，将学生带回到原来探究中。教师在探究中要给学生自由，当学生感受到自由和自主时，便是其思维发展的开端，对接下来的探究活动会很有利。但为了避免探究活动流于表面丢失教育意义，教师对还是有必要对探究活动进行组织，而这种自由和信任则在一定程度上依赖于教师的存在。教师要掌握好控制课堂和引导学生的尺度，理清放任和自由的界限，教师说的太少不能够刺激学生的思维，教师说的太多反而又会抑制学生的思维，教师要在其中寻找到一个平衡点。探究团体的融入是为了更好的激发学生的哲学思维，让学生学会思考并且能够解决问题，教师对探究团体的运用还是不断地进行研究学习，思考如何在小学语文教学中更灵活的去运用探究团体。教师要有对哲学问题的灵敏度，挖掘在小学语文教材中所蕴含的哲学问题，在讨论中不仅仅停留在"无关对错"的分享层面，教师要引导学生更加深入的探究，对观点进行辨别批判等，为了避免探究团体流于"形式"，教师多多少少需要掌握一些关于哲学的知识，才有可能在课堂中创建真正的哲学对话，达到探究团体融入教学的目的。儿童哲学在我国不断发展，教师可以利用互联网的丰富资源进行对儿童哲学课程的观摩学习，累积经验，一些培训机构也会给教师示范如何运用探究团体，并以儿童哲学精品教学案例来定期举行交流会议，教师可以利用课余时间多多参加此类讲座会议进行学习，不断学习并且掌握哲学知识。

探究团体是以学生为中心，但是也离不开教师的有效引导，师生双方都是贯穿于整个小学语文探究活动的过程中，教师和学生相互配合才能够建理想的课堂以及良好的师生关系。

四、建立有效互动交流

（一）提升互动意识，营造环境氛围

准确了解学生身心发展特点以及正确判断学生学习能力应该作为师生互动的前提，师

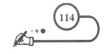

生互动是教师和学生之间的双向交流沟通的过程，而不是教师或学生与课本之间的互动，教师要在了解学生特点的同时平衡好师生互动的内容与学生接受知识程度之间的关系。学生的发展具有差异性的，有的学生在这个阶段对于一些知识是难接受的，在教师的认真讲解后学生的掌握程度也不是很理想，就需要教师对学生多方面去了解，站在学生的角度去考虑问题。师生之间的交往互动是以学生为对象，每一个互动对象都具有自身特征，在教学前，教师要对每一位学生都能够进行充分的了解，才能使互动不流于形式，为能够进行良好的师生互动打下基础。

任何的教学活动都要在良好的环境下进行，根据教学需求制定一个适合教学内容的情景，或师生共同创设的课堂氛围。在进行探究活动时，什么样的环境才能够让学生专注于讨论的问题上，并加强成员之间的对话互动呢？对于小学低年段的学生来说，他们的年龄还小，没有很强的专注力，教师对于环境的规划是比较重要的。探究团体希望通过儿童在共同探究的过程中能够自主思考，探究团体非常注重成员彼此之间的合作思考，通过与他人的对话交流，来发现自己思考存在的不足，从不同角度看待问题能够激发更广的思考面。将探究团体融入小学语文教学中，在环境的建设中也要注意几点：

第一，教学环境避免吵闹。安静的环境能够让学生更专注于学习，可以全身心投入到探究过程中，更好的聆听与讨论。

第二，桌椅排列按需调整。除了幼儿园是没有固定座位以外，我国传统的学生座位基本都是列式排开，教师可以看到所有学生，但是学生之间是没有办法互相看到的，这样不利于开展对话。在人数过多的教室中，可以以小组为单位采取马蹄形座位排列方式，学生参与度以及活跃程度变高，有助于探究活动的开展。

第三，充分利用黑板白板。将讨论问题写到黑板上，方便学生清楚地看到问题的呈现过程。

探究团体注重成员之间的交流对话以及讨论，将探究团体融入小学语文教学要考虑一定的心理条件。创造良好对话氛围的同时也要关注到师生的心理发展，在人际交往中，我们会发现有一部分人在熟人面前能言善辩，但是在陌生的环境中就会噤口不言，当人们获得信任并处在安全的环境中时往往会敞开心扉。形成一个开放、轻松和信任的学习环境，学生不会陷入焦虑，在探究过程中更好地提高学生的学习能力。

（二）养成倾听习惯，学会积极回应

在对话讨论中，懂得倾听同伴的发言是对他们最好的尊重。教师要强调倾听的重要性，学生之间要互相尊重，要认真倾听对方的观点，每个人都要友好和谐相处，互相合作，共同完成哲学问题的交流对话。学生习惯于从自己的角度出发，在同伴发言出现与自己的观点不相同时，可能会出现随意打断发言的情况，不能完全考虑到他人的感受，会造成冲突。"当倾听变成一种关心情愫和理性投入的态度时，它不再局限于'耳朵'或听觉，而是弥漫在人的整个身心。"倾听如关怀，只有大家处于关怀的环境中，在学生的关怀性思维能力得到发展的基础上，能够有效促进学生哲学探究，持续不断地进行深度讨论。真正的课堂应该是教师和学生之间形成一种共生关系，是为教师和学生提供情感交流，促进学生发展的师生互动。小学阶段是一个关键期，可以激发学生求知欲和好奇心，丰富学生的情感体验，良好的师生互动也能够培养学生的关怀性思维，不仅能够感受到教师的关怀，也能够学会关怀他人。在课堂教学中师生通过互动交流，能够加深师生之间的情感联结引起共鸣。

倾听与回应是师生互动交流过程中非常重要的一部分，帮助学生专注于倾听一个很有用的规则，那就是在发言的同学说完他所表达的观点之前，是不可以举手发言的。在倾听别人的观点时，有不同意见可以在他表达完之后提出，通过说"我同意/我不同意……"来建立学生开始回答问题的一个良好习惯，既可以专注回应他人的观点，也可以创造出新的对话让大家一起进行讨论，并且产生出新的想法。在不同观点的碰撞之中会使学生体会到具有争议的问题的多面性，并能够通过共同探究来更好的了解正在讨论的主题。如果我们所表达的观点能被其他成员认真的倾听，那么我们会对自己所表达的价值做出肯定，相反同样如此。真正学会倾听是需要一定的努力，当你成为一个倾听者，对发言人的看法了解和展示的越多，那么彼此之间的对话探讨也会更有效。学生在日常交流中，要学会倾听，表达和交流，学会文明地与他人进行沟通和交往合作。在师生互动中，倾听并能回应，不仅是一种良好的态度，更是一种好的技能。奥苏贝尔（David Pawl Ausubel，美国认知教育心理学家。）认为"有意义学习是将新获得的信息和记忆中有的知识相联系，从而获得观点、概念和原理的学习。"教学活动应该是教师和学生之间进行积极主动、相互影响促进、共同发展的过程，有意义学习也需要师生之间充分交流互动。

第五章 小学语文课堂有效性教学方法应用

第一节 游戏教学法在小学语文课堂教学中的应用

一、游戏及教育的游戏精神

（一）教育的游戏精神

1. 游戏教学人的存在方式

游戏化的生存，是人类最为本真的存在方式。游戏教学是人类文明的源头。举凡一切文化想象，皆是游戏的化身。宗教祭祀仪式来源于游戏，音乐和舞蹈是纯粹的游戏，诗歌是游戏，这一切都是因为，人是游戏者。游戏教学是人生命存在的一种基本形式。

游戏为什么能够成为人类一切文化活动的源泉，并伴随人类生命过程始终的诘问？这一切都是因为，游戏的存在方式是自我表现。而自我表现乃是自然的普遍的存在状态。游戏中，游戏者通过游戏某物，通过表达而实现自我。游戏教学的本性自由和解放。因此，游戏教学学生是一种重要存在方式。主要原因有二：

其一，游戏教学本身就是学生的一种生活，是一种不同于"日常生活"的生活，即游戏的生活。游戏与现实生活构成了学生不可分割的完整的生活空间。

其二，学生全部的生活也离不开游戏精神。在学生的整个生活空间当中，游戏就是一根贯穿始终的红线。对学生而言，无论是工作、学习还是其他活动都是属于一种游戏的精神对待之。

游戏始终是游戏教学本身。不来源于什么，不为什么，更不利用什么手段。游戏便是人的存在方式。人生既不存在什么基础，也不存在什么最终目的，存在和人生的真相便是游戏。

2. 教育的游戏性

教育的游戏性应该包括以下几方面。

（1）自由性

游戏教学自主、自发、自成目的的活动。杜威作为实用主义代表人物，曾指出教育即生活，要发挥学生内在的本能和需要，让学生在做中学，在活动中学。游戏精神是一种自主自由的精神，游戏并不是脱离生活，学生在游戏世界里发现问题，解决问题。在游戏过程中，不断成长、成熟并认识世界。

游戏世界中，学生摆脱一切外在的强迫和压力，心无旁骛地沉浸其中，完全被游戏所吸引，完全为了游戏而游戏。对于小学语文教育来说，游戏自由表现为在语文课程教学过程中，教学自成目的，教学实践活动的开展就是教学目的的实现。在一定的时间、地点、环境之下，小学教师根据不同课堂上学生表现的生理、心理和个性发展等特点，用适合他们的教学方式来实现他们积极主动的学，乐学好学，增强情感情绪体验。在这样的教学过程班级上，孩子们来说是符合他们内在需要的，是能激发他们学习兴趣和求知欲的有意义的学习过程。

（2）对话互动性

游戏世界中，人与人之间展开平等的对话和交流，小学教师、文本和学生不再是封闭的、孤立的，而是对话的、交往的、体验的。首先是受小学基础教育的学生和文本之间的对话。传统的课程知识观强调知识的权威性，知识就是绝对真理，学生被知识淹没了觉知。学生不需要有思想、有独立的价值判断，只需要接受书本的知识。但是在游戏的对话中，文本的知识不再是处于课堂上学生表现的，而是被学生体验到一种文化，学生和文本之间是相融合的，不再是占有和被占有的关系。传统的教育体系中，小学教师对文本是没有多少选择权的。因为教育的最终目的虽然是成人，但是教育也有他的社会目的，需要在某种特定的意识形态之下去培养人。小学教师跟教学内容之间的对话很难实现，小学教师为了完成繁重的教学任务，常常预设好教学设计，先入为主。但是在游戏的视域下，小学教师和文本不再是孤立的，小学教师与课程的对话使得小学教师由教学的传声筒变成课程主动的参与者、实施者，教材不再是圣经，而是互动生成中的一种材料。最后则是小学教师和学生，游戏世界中小学教师和学生是平等的、互动的，师生以自己的各自的亲身体验出发，去相互碰撞出新思想、新火花。

（3）审美体验性

根据现代汉语词典的解释，审美是一种积极主动的价值取向活动，是对美的事物和现象的期望与追求；体验则是通过实践来认识周围的事物。游戏中的，游戏者通过对游戏中的美的事物进行感知、联系和想象，使得游戏者的身心与世界产生交往，并生成一种反思的审美认识和交往活动。游戏的乐趣究竟是什么？为什么会看到幼儿快乐地嬉戏，并且专注而乐此不疲?

　　为什么足球场场上几万人高声呼喊，为一粒进球而全场癫狂? 班级学生在游戏活动常常能被迷得 "神魂颠倒"，因为体验不仅仅从认识论上来理解，它还是一种主客未分的一种存在状态。学生在游戏的过程里面，消解了一切对立，游戏者游戏世界中的各种感知因素都是真真切切的，它可以在游戏和现实之间游离，是一种亦真亦幻的状态，这更像是一种审美体验，既真实又不为所累，有着自由和纯粹的特性。班级学生直接积极主动地进入游戏状态，对游戏内容进行体验、感悟，并激发、唤醒班级学生从前的认识与经验，与之融会贯通，进而形成一种新的审美体验。班级学生不再是被动地靠小学教师讲解、分析来接受小学教师的审美体验，而是直接获取审美体验。

　　(4) 生成开放式

　　小学语文是工具性与人文性的统一。从小学语文的基础学科性质来看，一面是工具性，即学习语言。另一方面是人文性，小学语文课程最终要以班级学生小学语文素养的形成与发展为目标。小学语文教育的目标集中地体现在工具性与人文性的统一上。教育的目的是育人，有特定的教学任务，但是不能因为知识的目标，无视课堂上学生表现的情感和社会性的发展需要。教材，作为文本，不是死的、冷冰冰的，应该是活的，是小学教师根据课堂上学生表现的不同特点和语文课堂发展的不同需要不断灵活调整的。教育是开放的，学校也不是一个令人厌恶的禁闭场所，而是师生共同生活共同成长和发展的地方。教学过程中，小学教师根据需要不断生成新的教学内容，班级学生可以不断获取新的转换思维、汲取智慧的机会，理性和感性得到不断的融合，这样的语文课堂才是智慧性的，师生皆能从中获益。

(二) 游戏与小学语文的契合点

　　游戏精神是区别真假游戏的根本标识，是游戏的魅力所在。游戏精神使小学语文教育充满游戏性，游戏与小学语文教育的契合点。

　　1. 游戏和教学的关联

　　(1) 游戏形式与教学目的是相通

　　游戏教学是人的内在需要，游戏在最初是和教学融合在一起的，游戏具有重要的教育价值。在教学中引入游戏，将游戏的自由愉悦、平等对话、创造超越的无功利精神融入教学之中，是对传统教育理念和教学范式的一次根本性变革。教学和游戏在目的上，其实是相通的。游戏形式的教学是以培养人为目标的，通过传承人类优秀文明成果，把人类几千年下来遗留的丰富文化遗产传递给我们的下一代。但是教学的主要目的绝不止于此，因为我们的教育教学面对的人。人是复杂、精密的动物。教学的逻辑起点是"人"。人为了能够生存，必须通过教学吸收各种知识经验，培养各种生产和生活技能，这是教学的基本事实。

人的天性是追求自由和自我超越。班级学生只有在身心放松才能进入真正的学习状态，重压之下只会不断摧残他们无辜柔弱的心灵。众所周知，传统的教学观注重的是知识的授受。师道，传道授业解惑也。班级学生在教学过程中无须身心的参与，只要往大脑不断的堆积知识点，考试通过即为合格。

知识像一片片被剪贴在一起的树叶，零散地呈现在班级学生面前，班级学生学习到的东西往往与他们的实际生活相脱离。实际学生在生活中要面对两个世界，即知识世界和生活空间。班级学生学习的目的，不仅仅是掌握知识，还要认识客观的外部世界，当教学蕴含游戏的精神存在，教学开始从学生的本体角度，去重新审视学生生活的价值。游戏教学没有外在目的，学生为了游戏而游戏，教学最终目的也是为了实现人的全面发展。

同时，教学过程是师生生命历程的一种方式。在游戏性的教学实践活动中，师生积极合作，主动交流，努力分享在活动过程中体验到、感受到的幸福和喜悦。教学向师生真正的敞开胸怀，彼此接纳，和谐共享，相互倾诉，师生在这种过程中共同领悟生命意义和价值所在，彼此交流感情，点燃生命的火焰。无论是教学还是游戏，都是对班级上的学生"成人"的关注与关怀。教学也是学生的一种生活方式。如果教学真正能做到目的与手段的统一，学生便可以在其中体验真理，不断建构，而不是在忍受日复一日，无休止劳心劳力的学习苦役。

（2）游戏教学的形式之一

游戏也是一种人与人、人与环境的交往。教学的本质不只是认识活动，也是一种交往活动。所以，游戏可以成为教学的形式之一。但是理论界对游戏和教学关系问题一直存在诸多争议，褒贬不一。

褒的一方在发现游戏不仅可以很好地调动孩子们兴趣，还可以促进班级学生在认知、情感、社会性等方面带来发展。教学的重心是发展。游戏唤醒学生内在的游戏冲动，所以游戏成为教学的一种重要形式。游戏世界中，课堂上学生表现的表现都很"敬业"，他们把学习过程当成一种游戏过程，无形中消解了教学中的各种控制，他们不再被谁牵着鼻子走，而是一起自主自发自动的参与或停止，在这种民主的氛围下，班级学生真正的敞开了自己，融入教学之中。另一方面，由于教学与游戏在学生发展方向上的一致指向，因此在实际教育过程中出现了"教学游戏化"与"游戏教学化"两种现象。

贬的一方的研究者们指出这两种现象具有弊端。"游戏教学化"，是指小学教师为完成

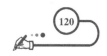

某一教学目的，通过开展游戏的形式以更好地对学生施与教育影响的一种现象。小学教师利用游戏的形式，作为传统知识和规范教学的手段，而学生在教学的过程中失去了自主选择、自主探究参与、控制游戏的权利，小学教师从中干预游戏的展开，甚至为了教学而需要而半途中断游戏，使得每一次该有班级学生承担的教学任务被小学教师千方百计地指导而破坏。

"教学游戏化"是指小学教师利用游戏作为"糖衣"来包装教学。在这种教学实践活动中，小学教师给予学生的自由发展也是徒有虚名罢了。毕竟游戏形式的教学是一种有目的、讲效率的活动。如果在语文基础教育中一味地追求娱乐、趣味可能会削减教学的功能，从而使当代语文基础教育真正的丧失价值。

以上分析可明确得出，"游戏教学化"与"教学游戏化"并不是解决游戏形式与教学这两类本质不同的活动从对立走向融合的手段。

游戏形式的教学是为了"成人"，不是"成物"。教学如游戏，游戏教学的形式之一。游戏最核心的内涵还是游戏精神。游戏活动和游戏精神二者是相辅相成，密不可分的。小学语文教育要充满游戏精神，不仅要靠小学教师组织有效的游戏活动，而是真正带给学生精神愉悦、思想自由，能长远的促进他们的全面发展。教学只有真正融入游戏精神，才是游戏化的语文课堂，才是学生真正的活动。

2. 游戏精神：让小学语文教育充满游戏性

充满游戏性的语文课堂必定萦绕着游戏精神。游戏性是游戏的内在品质，也应是小学语文教育的内在诉求。

（1）自由精神使小学语文教育成为自由与规则相统一的活动

游戏教学自由的。但是没有规则的制约，游戏也不能称为游戏。就形式而言，当代语文基础教育过程应突出思想引导与自由陶冶的结合，强调每个班级上学生对课文的自主、多元化的理解，加强师生在教育过程中的真诚对话、自由交流，增强教学流程的灵活、开放。学生在游戏过程中虽然没有束缚，但是这种自由并不是不受限制，为所欲为的。传统教学过程中以知识为导向，追求知识的"客观性"的认识取向的知识本位的倾向。学生在受教中没有主动性，完全跟着小学教师的节奏和指挥棒，学生学苦不堪言，小学教师也教的哀声连连。但随着新的课程教育改革，一阵春风吹来，"减负""尊重课堂上学生表现的主体地位"等新课改理念的纷至沓来，小学教师一时间难以扭转教学观念，把班级学生"供了起来"，生怕得罪。学生不管犯没犯错，小学教师不敢提出过多批评。在语文课堂上，小学教师不加分辨对班级上的学生的任何观点都加以鼓励，这不是尊重学生，实际上是害了他们。这种做法直接违背了游戏精神的内涵。游戏精神主张，游戏世界中学生是自由的，但是这种自由式在一定规则约束之下。教学过程中，小学教师和学生共同参与，解决问题。语文课堂呼唤自由精神，是受小学基础教育的学生主体性受到尊重后，在小学教师的一定规则与秩序的指引下，谁生共创一个和谐融洽的教学环境。

（2）创造、超越精神使小学语文教育"不断生成"

游戏靠它特有的内部秩序所规定的境域是有限的、封闭的，但同时又是无限的、开放的。对于学生而言，学生也正是通过游体现并确证着自己的存在。游戏精神的创造性意味着在开放的游戏中实现游戏者的创生。

游戏化的小学语文教育能使低年级学生调动多种感官，使有关内容在大脑皮层下多方面联系的痕迹。让低年级学生将游戏世界中体验的通过游戏又表达出来。每一次游戏都是一个创造，游戏者都会有不同的体验和感受。而且，由于时代不同，孩子们成长背景、生活经验等都有差异，因此小学教师的工作必须是创造性的。游戏具有不重复性，每一次游戏由于游戏者、周围环境和游戏条件的不同都会有所不同。小学教师在教学过程中，由于游戏这种不确定性，小学教师不仅要备教材，更要备学生。

小学教师要随着语文课堂情境不断修正和充实。师生之间不再是被动关系，师生共同面对教学过程，小学教师教学有法，而无定法。

（3）对话、体验精神使小学语文教育成为师生心灵与生命沟通的活动

对话与体验是游戏的内在特质，小学语文教育具有对话的性质。作为一种认识方式，对话的根本属性在于它是生产性的、创造性的，而不是重复性、机械性的活动。教学过程中，小学教师和学生构成了教学实践活动的主体。教学中师生之间的对话主要是相对于传统的"独白式"教学而言的，在对话关系中，师生已不再是传统教育中的对象性关系，而是一种人际交往关系，一种"我——你"的关系。

新课程背景下，教学强调"过程"与"表现"。教学成为一种开放式的活动，不再是狭小领域里小学教师对班级上的学生的一味灌输和严加管束。班级学生有权利发出自己的声音。生命的独特性得到很好的尊重，有利于更好地实现个体的自我成长。

（4）愉悦、无功利精神使小学语文教育成为一种纯粹的生命体验活动

游戏的愉悦精神和无功利精神，使得小学语文课堂充满愉快轻松的氛围。教学成为一种无目的的活动，当然这里的"无目的"并不是指小学语文教育真的无目的，是相对于外在强加的目的而言的。愉悦和无功利精神将小学语文课堂已经将班级学生在语文课程教学过程中的生活状态变成一种"常态"与"本态"。教学追求的不是升学率，不是合格率，不是达标率，而是师生之间心灵与心灵的碰撞。按照伽达默尔（Hans-Georg Gadamer，德国哲学家）的观点，游戏只有游戏者把自己的行为目的转化到单纯的游戏任务中去，才能

达到自由境界。

新课改推广和实施以后，课堂上学生表现的素质教育不断反复被提起。改革深入，也对学校和小学教师提出了更多更高的要求。如何一改往日沉闷气氛，小学语文课堂如何让孩子们在轻松愉悦的环境下求学爱学是广大教育工作者面临的主要任务。游戏精神视野下的小学语文课堂，语文课堂不再是知识的苦海，不是心灵的牢狱，学生既在教学过程中汲取了知识，又体验到了愉悦、放松的氛围，感受了与小学教师和伙伴之间强烈的情感碰撞，解放了思维，感知到最点滴的生命的美好，体验到生命的本真面目。

二、基于游戏教学的小学语文课堂教学策略

（一）构建"游戏场"式的语文课堂氛围

游戏与教学在一定的"场"内进行，这个场包括物理的有形的场——空间位置，道具等，也包括抽象的无形的场——情感场、氛围场，心理场。任何教育行为都是在一定环境中发生的，实际上，环境本身也是一种教育力量。家庭环境、学校环境和社会环境对人的教育作用都不容忽视，学生不光在学校里受教育，在学校之外，在家庭里，在社会上，他们无时无刻不在受教育。优良的教育环境有利于少年儿童良好习惯的养成，有利于促进少年儿童健康快乐成长。传统的小学语文教育环境，以小学教师为中心，学生学习的状态是被动地接受学习，教学实践活动的主要内容是基于事实知识的学习，信息传递的方式就是单向传递。游戏精神视野下的小学语文教育环境，强调构建"游戏场"式的情境式语文教学，学生是主动参与的主动学习，主要是为了培养小学学生的批判性思维教学内容主要结合现实的生活场景和生活经验。

环境的力量是潜移默化的，春风化雨，化于无形。在小学语文教育过程中，每个班级上学生对于学习内容的态度也会随着其难度发生变化。"游戏场"式的语文课程教学环境就是在开展教学实践活动之前，就要了解学生可能在教学设计中出现问题，针对不同课堂上学生表现的水平和差异，设计适宜问题情境调节课堂上学生表现的情绪，把握好知识点的教学，恰到好处地调动课堂上学生表现的激情。

在小学语文课堂中，构建"游戏场"式的情境式语文教学，可以最大程度发挥孩子们潜力，激发他们的创造力。轻松、愉悦、自由的教学氛围，能极大地调动课堂上学生表现的主动性和积极性，班级学生沉浸其中，保持最佳的情绪状态和学习原动力。"游戏场"式的情境式语文教学一定是儿童熟悉的感到亲近的，这样才能敞开他们的心灵。师生共处其中，完全融入教学现场，师生间和谐的氛围能激荡起师生间心灵的相互启发和碰撞。这

种互相对话和共同体验是贯穿这个小学语文教育过程始终的。在这种"游戏场"式的情境式语文教学下，师生双方忘了外在的期望、压力，摆脱压抑与强制，保有生命本有的活力；师生全心全意地投入教学之中，为情境式语文教学本身所吸引、引导，师生按照此时此刻的情境式语文教学应有的方向共同前进，师生不再作为引导教学的主体，教学的主体成了教学本身，师生双方完全沉浸于当下的教学愉悦之境，享受教学之境中的自由、轻松、和谐和温暖。

（二）确立有效的"游戏人"教学目标

1. 生命完整的自由人

在当代语文基础教育中，要培养的"游戏人"应该是生命完整的自由人。人生而自由。但在具体的经验世界中，对某一个体而言，自由人格的养成，是教育的结果。完备的现代教育，塑造出崇尚自由的现代公民；没有完整而合理的现代教育，就不可能有具备自由意识的现代公民。但中国目前的教育，在根本的意义上，还不是自由人的教育，而是在大批量制造掌握一定技能的工具。人在这里，尚不是目的，而只是手段。在自由人的教育中，知识一定不只是一种外在于人之生命的应试能力，而是根植在人的生命中。教育的最高境界，是让学问走进生命，同时让生命启迪学问。拥有精神自由的人，有着实事求是的治学精神，有崇高的理想、执着的信念和丰富的内心世界，有善于与人合作的沟通和对话意识。这种人具有独立人格和独立判断，有自己的初试原则，是独立自主的精神实体。

教育应当促进每个人的全面发展，即身心、智力、敏感性、审美意识、个人责任感、精神价值等方面的发展。现代当前小学语文教育的目标培养的游戏人，首先应该是生命完整的自由人。这是符合游戏精神的意蕴的。在小学语文教育过程中，要从应试教育的苦役中解放课堂上学生表现的身和心，注重课堂上学生表现的长远发展，而不是单纯以眼前的成绩为一切教学的前提。让学生愉悦主动地学习，自己发现问题，形成强烈的问题意识，然后有探索知识的欲望和积极性，能够利用自己的资源进行不断地探索和发现。在语文课堂上积极的对话与合作，小学语文教育教学要关心班级学生主动合作精神的培养，克服和消解自我中心的行为。就是要培养小学学生在掌握知识和规律的基础上，能够用新的思维方式提出新观点、新思路，而不是被已有的条条框框所束缚。

2. 在语文课堂中开展生命对话的人

在当代语文基础教育中，要培养的"游戏人"是在语文课堂中能进行生命对话的人。秉承游戏精神的小学教师和班级学生不再是游戏中受控的兵卒，而是游戏中自主的玩家。

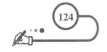

游戏精神是人们在游戏过程中持续体验到的一种自娱娱人的、开放和自由的精神。应尊重每一个学生，尊重他们的平庸也尊重他们的独特。希望低年级学生能摆脱压抑与强制，保有生命本有的活力。希望学生关注人生的终极意义，游戏性地生存和生活。小学语文教育，师生应该如游戏教学进行一般、忘却自身、完全投入对话中，以达成对话的开放结构。

师生双方地位一致，在彻底的游戏中、在存在中相遇。教学过程中，师生任何一方都不受另一方掌控，彼此尊重游戏作为一种生活态度和生存方式植根师生的灵魂深处。在对话中，游戏的精神和理念为师生提供了一个轻松自由的环境和心境，使有着鲜活个性和高涨热情的小学教师和班级学生在"社会我"和"个体我"之间找到最佳的平衡点。

（三）改变既有的教学内容和方式

1. 内容变革

（1）教学内容要扩大课堂上学生表现的自主选择权

教学内容方面，小学教师在语文课程教学过程中要给予学生充分的自由。比如让学生自主选择自己的学习目标和相应的学习计划。在具体的当代语文基础教育内容上，如在读书会上，小学教师不去统一规定看什么书，讲什么内容，学生自己去选，自己去看，有喜欢的故事或精彩的内容，给予学生机会让他们自己来说，自己来读。比如作文写作课上，小学教师不必拘泥于题目或者写作手法，让学生结合自己的生活经验和直觉体会，自由发挥，这或许能激发出他们的写作动机和热情，如果硬将他们拉到命题作文上来，班级学生挠着头皮想上半天，结果两行形同"流水账"似的"文章"呈现出来，耽误了时间，效果还不明显。小学教师不要一手掌控语文课堂，自己在那指点江山，把学生摆在一边。学生只要轻轻松松的学习，好学乐学，小学教师只需在一旁稍加引导，倒不用费那么多精力。

（2）教学内容形式多样，不断推陈出新

教学的内容与形式在不断变化，相应的教学方法也要随之变化。例如汉语拼音游戏形式的教学是受小学基础教育的学生学习小学语文的开始。汉语拼音中可开展游戏教学活动的内容较多。从新授、练习到复习巩固等各个环节，都可以考虑紧扣教学目的设计安排适当的游戏。汉语拼音游戏教学的实施方法很多。有编儿歌、爬高峰、找朋友、手拉手、走迷宫等努力从学生实际和身心发展需求出发。引导儿童积极参与游戏教学。以参与求体验，以合作求创新，以探究求发展。在声母的音形教学上，让班级学生们尝试学、互相学、讨论研究学。班级学生主体地位凸现，真正成为了学习的主人。打破根据以往拼音教学单一的呈现方式及各个字母按音形义讲解，采取集中训练，减少头绪。加强综合的教学思路。

2. 教学方式变革

（1）构建师生合作互动的教学方式

师生互动的目的在于让同学与小学教师合作完成某个事情，从而调动学生思维。每一位学生都是一个独特的生命，小学教师在组织教学时有针对性的考虑到不同课堂上学生表现的生理、心理等特点，对教学内容要经过要处理和选择，平等对待每一位学生。在小学语文课堂经常看到一些孩子非常活跃，能说会道，但是也有一些非常害羞内敛，吐字不清的孩子，这时候小学教师就要在语文课堂上多多关注这些平均水平之外的孩子。教学过程需要师生齐心协力，共同付出，平等相待，才有可能看到令人满意的成效。师生在充满游戏精神的语文课堂上学习、生活，必然是幸福的。

（2）小学教师创造性地运用多种教学方法

趣味的语文课堂可灵活运用多样的教学手段，如启发想象、比较异同、分角色朗读、还可借助录音机、录像机、实物、挂图、PPT 等多媒体。现代社会已经是一个知识爆炸的社会，学生除了通过学校教学获取知识，此外，互联网上各种知识渠道再加上现在手机平台各种软件的开发，课堂上的孩子们能第一时间获取各种最新的信息。如果小学教师还是在语文课堂上一板一眼的讲授，激不起学生学习的兴趣和能动性，学生可能就会转移注意力在其他获取知识的渠道上。教学方法的选择不仅要针对不同的教学内容，更要针对不同特点的小学生。由于个体思维方式和认识水平之间都存有差异，小学教师如何最大程度地让学生在宽松的环境下，吸取更多的知识，需要小学教师在平日的教学过程中不断总结，不断反思。比如读书这一件简单的语文课堂活动。小学教师可以让班级学生自己喜欢的阅读方式，默读、大声朗读、表演读、比赛读等等，学习氛围轻松了，课堂上学生表现的创造性也能得到激发。教学有法，但无定法。小学教师要注意洞悉每个孩子的需要，单一刻板的教学方式要被创造性的选择性的教材组织所替代，这样班级学生就会体验到更多教学的快乐，觉得学习使他自己的一种活动。

（四）变革既有的教学评价体系

1. 给学生自主评价的权利、时间和空间

自我评价就是自我反思。人比动物高级的地方，就在于人是精神性的存在。班级学生在学习的过程需要有充分的时间去反思，意识到自己学习过程中哪些部分还有欠缺，哪一

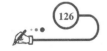

部分理解不透彻，这些个人体会和自我反思，将会促使学生在今后的学习之路上不断前进。因此，小学教师在小学语文课堂上要给时间和一定空间让学生进行反思，给评价的权利，通过学生之间互评爱评敢评，在评价别人的过程中，锻炼思维，提升表达能力。小学教师还可以引导儿童反过来评价自己的教学成果。让游戏精神强调自由精神，这意味着培养小学学生独立思考、独立判断能力，强调对话体验精神，这就是让课堂上学生表现的整个生命能参与到语文课堂中来，在教学过程中的主体意识会得到不断增强。

2. 教学评价旨在促进学生发展，关注上学生的学习进程

在语文课堂里教小学语文，最终的目的在于不教，使班级学生养成这样一种能力，不待老师教，班级学生自己能阅读。课堂上学生进行是一个主动的过程，要扭转他们在教学中的被动地位。小学语文课堂中，小学教师要让他们自己意识到愿意学。小学教师要善于捕捉课堂上学生表现的信息做出恰当反馈。学习一般包括学习能力和学习习惯等，要看班级学生是否全身心地投入到语文课堂之中，语文课堂氛围是否有益于班级学生思维敏捷、活跃，是否善于质疑和批判，生生之间是否有积极的交流、对话与合作。班级学生在教学过程中能否实现自我满足和显现个性。小学教师及时全面地对班级上的学生的学习状态进行关注，不断及时关注班级上学生的学习进程，小学教师的评价要旨在"班级学生发展"，多过程性评价、多元化评价、个体性评价。并且在教学中及时调整教学手段，使整个语文课堂动态、鲜活，班级学生达到最佳的学习状态。

3. 小学教师评价的方式要多样化，有针对性和实效性

小学教师在一节小学语文课上，对他的小学生进行恰当评价，可能会带给班级学生一种是一种赏识，一种启发，一种帮助，一种激励，这实际上更是一种人文关怀。小学阶段的小学生处在敏感的年纪，对小学教师关注和赏识都十分在意，有一句话这样说："小学教师充满魅力的语文课堂评价语言，虽不是蜜，但可以粘住班级学生；虽不是磁，但可以吸引班级学生。"小学教师既要关注班级上学生知识的掌握能力，更要多加关注班级上学生在学习过程中的学习态度、学习方式和习惯等。小学教师评价语言要根据实际的语文课堂情境来进行。当然不仅班级学生需要评价，小学教师也需要。这种评价将促进小学教师的专业发展，提升他们实际的教育教学能力。小学教师专业发展的特性决定了对小学教师的评价也要注重过程性、人文性等，将评价的需要和标准与小学教师专业发展的研究模式结合起来。

第二节　合作教学法在小学语文课堂教学中的应用

一、合作学习与语文教学

语言是一种用于交流的工具。语文基础教育，就是小学教师引导儿童通过多种方式逐渐掌握语言规范，学会运用语言进行表达和交流的教学实践活动。

（一）言语交际过程的心理规律

1. 言语感知过程

听、读过程是言语的感知过程。班级学生从听、说、看这几个外部感官的生理过程转化到心理活动过程，是连串的、错综复杂的外部话语转变为内部意思的译码、再译码过程，这个过程称为"内化"。

2. 言语生成过程

言语的生成过程，与前面的言语感知过程刚好相反。就是将复杂的内心感受通过口说或手写表达出来，也是复杂的内部感受转化为外部表现的过程。这个过程称为"外化"。班级学生这种言语的内化与生成过程并不是一个孤立的过程，它必须在与人交际的基础上获取和生成。

我们的语文基础教育，向来十分重视听、说、读、写的训练，但我们往往会将这几个训练进行专题练习孤立起来而忽视交际平台的重要性，因此不能够创造交际的环境让师生、生生之间，都有足够的交流和实践机会，很大程度上降低了语文基础教育的效率和效果。小组合作学习的方法，打破了传统教学的"孤立"，创造出更多的言语交际实践机会，尽可能多地让班级学生参与到交流和实践中，提高班级学生小学语文素养，提高课堂上学生表现的交际能力。

（二）小组合作的学习与当代语文基础教育的契合

小组合作的学习成为课改的亮点，是因为它的基本思想和教学理念跟现代目前的课程改革所提倡的教育理念相符合。

目前，现代正处高质量发展和高水平对外开放的时代。处于这样一个特殊时代，社会

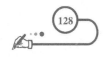

问题不断涌现，层出不穷，社会道德问题尤其严重。

例如：诚信的缺失不负责任的行为等，问题频频出现在各大报纸杂志。另外，现代学前儿童独生子女比例越来越重。虽然独生子女具有思想活跃、自信心强、智力发展水平高等优点，作为教育工作者的我们很清楚地看到，他们的缺点更明显：现在班级学生以自我为中心，不顾及他人的感受，对父母或他人的依赖性强，受挫能力低下，心理承受能力比较差。面对这样一个社会环境，一个教育的大环境，小学教育在社会的发展中，起到什么样的作用？承担怎么样的角色？教育怎么样才能更好地适应社会的发展需要？

正是这样一个教育环境下，小组合作的学习和小学语文相结合，显示出它突出的巨大作用和优越性。

首先，小学语文是各基础学科的基础。低年级学生具有极强的可塑性，模仿性，小学教育的基础打得好，班级学生们能树立正确的人生观和价值观，这对于社会道德问题的解决是有很大的帮助的。

其次，小学语文老师常常兼任班主任一职，对班级上的学生的思想、行为和感情起指引作用。小学语文中的人文性恰好与《品道与生活》《品德与社会》这门课程整合。采用小组合作学习的方法，课堂上的孩子们能正确认识到师生之间，生生之间的关系，学会与人交往，学会正确处理问题。小组合作的学习中的强调个人责任，小组合作，更好地解决了独生子女合作能力差，不懂处理人际关系这一缺陷。

总的来说，小组合作的学习与当代语文基础教育结合，是时代的呼唤，顺应了时代的发展。两者相结合，既培养出社会所需求的合作能力，与他人共处的能力，也提高了课堂上学生进行能力和学习成绩。因而，小组合作的学习在小学语文基础学科中，甚至在教育的领域中大放异彩，并将继续发光发热。

（三）小学语文小组合作学习的必要性

1. 小组合作学习的学习方法，符合低年级学生身心发展规律

儿童是社会的未来，只有他们真正地健康成长，人类才有未来。我们的教育、教学方法、学习方法，要适合儿童的身心发展，才能具有生命力，才有价值。长久以来，成人刻板地认为儿童年幼，不懂事，尤其是在中国，家长、小学教师、学校都强调班级学生上课要听老师的话。在教学中，把老师放到一个不可及的高位，常常忽略了班级学生自身以及班级学生与班级学生之间的相互影响。课堂上学生表现的伙伴关系，并不是单纯的玩伴，也不仅仅是喜欢或不喜欢和谁一起玩的关系。同伙间的相互作用，对儿童发展的社会化起着重要的作用。

首先，伙伴的相互作用，让儿童获取社交能力。在伙伴学习生活过程中，有助于提高儿童的社交技能。

其次，伙伴关系对儿童社会化进程起决定性的作用。伙伴关系，玩伴关系，是最经常、最亲切、最丰富、最多变化的关系。儿童常常不能理解老师和家长等成年人的信息，但儿童却能很迅速地从伙伴那获取信息，理解伙伴，明白伙伴的感受。

再次，伙伴关系，能让儿童更清楚地认识自我。在伙伴的交往中，争论与矛盾是不可避免的事情，当伙伴间发生矛盾与争吵时，儿童能顺利地站在自己的角度和伙伴的角度思考问题，学会换位思考，拓宽思维的宽度和深度，这个交往的过程，儿童学会从他人的角度来认识自己，认识他人，不再以自我为中心。

最后伙伴关系在众多学习因素中，对班级上的学生的影响最大。低年级学生处于身心发展的黄金时期。儿童求知欲强，活泼好动，有强烈的游戏需要。游戏教学是在班级学生学习的重要途径。须知，对儿童来讲，一个人是无法游戏的，要跟伙伴一同玩乐，才有意思和趣味。这是儿童的基本心理特点。

儿童会饱含兴趣，认为这是一种有趣的游戏。一旦班级学生将精力放在学习这种游戏上，成绩提高，是理所当然的事。相反，老师、家长与孩子一起学习，那是学习任务。再有用的知识与经验，都不能让儿童感觉有趣。综上所述，班级学生之间的相互作用，是一种方便有效的资源，必须重视和利用。

2. 小组合作的学习提高现代小学教师素养，培养低年级学生合作能力、问题解决能力

小组合作的学习是一种新的教学方法，小学教师要深入研究这种教学思想和方法，提升自己的学习理论水平，提高现代小学教师的素养。小组合作的学习，自主、探究问题，接触的知识，涉及的范围十分广泛，这对小学教师提出了新的要求：不断地学习，更新自己的原来知识体系，终身学习。

另外，小组合作的学习迫使小学教师改变原来高高在上的位置，学会聆听，对于班级学生提出的各种问题与困惑，要有更高的教育学识和机智。小组合作的学习给小学教师带来的一系列变化和影响。当然，小组合作的学习对班级上的学生的影响更加大。

传统语文课堂提倡个人竞争，伙伴之间是竞争关系。某一个成员达成了目标，会妨碍他人目标的实现；小组合作学习的小组目标与个人的目标是一致的，个人目标实现了，有利于组内其他成员的目标实现。

这样一种学习方式，创造了更多机会进行伙伴互动，在互动过程中，相互成长。小组

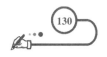

合作的学习方式对于低年级学生来讲，十分重要。儿童从小生活在合作环境中，容易形成合作的观念。小学语文小组合作的学习，很经常要搜集资料，做社会调查，向他人请教等等，这些任务，班级学生一个人，是没办法在规定的时间内完成，需要小组内各个成员分工合作，共同完成。

在分工合作的过程中，如何才能更有效地达成目标？在合作过程中，伙伴的表现如何？自己的表现比如说何？如何正确看待他人，正确看待自己？小组合作学习的这个互动过程，给儿童提供了这样一个培养合作精神和人际交往能力实践平台。

合作精神是时代的呼唤，是现代人的一种基本能力；小学语文基础学科发展，需要合作精神的指导；小组合作的学习中小学语文小组合作的学习意义重大；儿童生活需要共同成长的玩伴，儿童的学习需要互帮互助的伙伴。由此可见，小学语文小组合作的学习具有必要性。

二、小学语文合作学习策略研究

（一）支持策略

小组合作的学习是一种创新的学习方式，寻找一条适合中国国情的小学语文小组合作的学习道路，适合具体年级、班级的小学语文小组合作学习的道路，是一个长期的过程，需要小学教师、班级学生、学校、家长等多方面的大力支持与协助。

1. 提高小学教师自身素养

小学教师是小学语文小组合作学习的语文课堂设计者和执行者，没有小学教师的参与和实施，小学语文小组合作的学习学习无从谈起。由此可见，小学教师及其素养，是小组合作的学习成败的决定因素之一。如何才能提高小学教师对小组合作的学习方面的认知水平？

（1）提高小学教师理论水平

小组合作的学习是一种新颖的、先进的教学方式，小学教师要认识它、接受它、运用它需要进行理论学习。最简单的理论学习方式是研究相关的文献，这种自学的方式一直以来是一线小学教师们提高自身理论水平的不二选择。无论是电子书本还是纸质书籍，关于小组合作学习的理论研究很多，小学教师们认真研读，一定会对小组合作的学习有基本的认识和了解。

从小学语文小组合作学习的现状可以看到，许多存在问题，都是因为小学教师对小组合作学习的认识不正确造成的。思想决定行为，认识不正确，不可能有成功的合作语文课堂。

因此，要想在小语小组合作的学习中获得成功，小学教师们首先要提高自身的理论水平。

（2）师生观

小学教师是小组合作的小学语文课堂中的引导者、参与者、辅助者。小学教师应该充分了解班级学生，充分尊重课堂上学生表现的需要，从课堂上学生表现的实际出发来设计教学。这也意味着，小学教师不再是传统的发号施令者，班级学生不再是被动的听从者。

作为一线的老师，必须要有勇气接受挑战，转变过去传递——接受式的教学方式。允许每个班级上学生对自己的说法持有不同意见，鼓励班级学生提出一些比自己更有创意的想法，大力支持课堂上学生表现的创新性试验并给予必要的指导。这是小组合作的学习需要的师生观。

（3）价值观

究竟在小学语文课堂上开展小组合作的学习是为什么？为了顺应社会的发展，顺应教育的潮流？还是为了得到教育专家和教研员们的一致称赞？还是顺从新课标与课改的要求？如果小学教师不是真正认同小组合作的学习，只是为了迎合；不是深切体会到"合作"对班级上的学生的重要性和必要性，只是为了潮流。那么，小组合作的学习只是一个口号，一种装饰。小组合作的学习需要小学教师们的认同。需要小学教师认识到小组合作的学习对于课堂上学生表现的成长，能力的提高，成绩的进步都有积极的意义；认识到小组合作的学习才能体现出真正的老师与课堂上学生表现的关系，真正的师师关系，真正的生生关系；认识到小组合作的学习，是一种激发小学生自主学习，争当学习主人翁的教学方法、学习方法。

（4）发展观

小组合作的学习进行过程中，很多老师都会用"很累"，"很辛苦"等字眼来评价这种方式。的确，小组合作的学习需要大量的前期准备工作，小学教师无论是观念上，还是方法上，都要重新学习，重新适应。辛苦是一定的。尤其是，当我们进行几个星期，甚至几个月的时候，都不能明显都感觉到小组合作的学习带来的飞跃的进步时，我们甚至还会产生怀疑，产生困惑。但是，我们要清楚：

首先，任何一种新的学习方式的引进，不可能一下子就被同学接受，跟老师们接受小组合作的学习一样，课堂上学生表现的接受这种方式也需要一定的时间。班级学生过去是被动的学习，现在要求他们一下子主动起来，课堂上学生表现的确有些束手无策。方法的掌握也需要一定的时间与过程。

其次，课堂上学生表现的自学能力，合作能力的提高并不是一蹴而就。但合作的理念和合作的影响将对班级上的学生终身产生积极的影响。教育的效果是有滞后性的，小组合作的学习同样如此。"十年树木，百年树人"，育人的工作，需要老师们耐心等待结果，静待花开。因此，我们需要用发展的眼光来看小组合作的学习，看待我们的小学生。

2. 掌握小组合作的学习操作方法，提高小学教师操作技巧

老师的正确操作和到位监督，是小组合作的学习成败的关键因素。因此，小学教师除了对小组合作学习的理论有一个深刻的认识外，还要在实际操作上下苦功。

首先，是要对整个教学设计有一个大体的把握，环节与环节间如何连接，每个环节所花的时间多少，根据课堂上学生表现的需要，时间如何分配与调节，这些都要老师上课时根据实际需要作出判断。

其次，要想提高实际操作水平，还要多观看名师的课例。如同一个问题，怎么样的操作更合理，更能激发课堂上学生表现的创造性，需要每个老师用心学习。

再次，小学教师要有教育机制。语文课堂上进行小组合作的学习，几乎每节课都有小学教师意想不到的问题产生，还有意想不到的情形需要处理。例如：班级学生合作时的进度和速度，组与组之间的干扰情况，如何才能节约时间又高效完成任务等等情形。小学教师要做到随机应变，灵活处理。

最后，小学教师要学会反省。不单是小组合作的学习，其他的教学方法同样如此。反省才能有进步。在实施小组合作的学习后，思考几个问题：今天语文课堂小组合作的学习时，存在什么问题？当时的处理合理吗？还有更好的处理方法？今后的小组合作的学习，怎么样才能防止这类问题的产生？

由此可见，小学教师要提高自身的素养，保证小组合作学习的顺利进行，这是小组合作的学习成功的决定性因素之一。小学教师不单要提高理论水平，还要提高实际操作水平，对自己的合作教学时常反思，只有这样，小组合作的学习才有了有力的支持和保障。

3. 提高小学生对小组合作学习的认识和支持

班级学生是学习的主体，没有课堂上学生表现的积极参与，小组合作的学习只是一句空话。因此，班级学生因素也成了小组合作的学习成败的决定性因素之一。每个班级上学生对小组合作学习的认识，更多地来自小学教师的认识。小学教师要在合作之前跟班级学生讲述小组合作学习的意义与方法，让班级学生明白，学会与别人合作是一种终身受用的能力，同时，在小学语文合作过程中，学会与别人相处的方法与技巧，缩短新的学习方法的适应期。

另外，小学教师要让班级学生树立一个观念：自己才是学习的主人，要学会从过去听老师讲课转变到自己主动学习，主动思考问题。

小学教师往往会觉得小组合作的学习，自己清楚就可以了，没必要跟班级学生讲述太多这些意义与重要性。但从实践过程中，对比了两种做法，很明显地，如果班级学生在合作前就清楚了小组合作学习的意义与方法，小组合作的学习很快地被班级学生接受并且开展得越来越顺利，反之，班级学生在合作一段时间后，才真正体会到小组合作学习的吸引力的话，这个时间就会长很多，并且其中也会出现一些反复。在小学阶段，习惯的养成是非常重要的。班级学生一旦接受、掌握并且应用了小组合作学习的方法，这将对他今后的学习与生活产生重大的影响，终身受益。

4. 学校支持、家长支持

小组合作学习的开展，需要得到学校与家长的大力支持。学校方面，最大的支持是建立小组合作学习的校本研究，通过语文课程教学的形象实例，使小学教师明白、理解和掌握小组合作学习的理论和方法；通过小学教师的自我实践、探究和反思，不断提高小组合作的学习在实际教学中的应用；通过小学教师之间的相互合作，寻找适合本校、本年级的小组合作学习的有效策略；通过学校邀请专家、学者的指导，形成一系列以学校为本的校本培训和提高机制。

在学校支持方面，除了建立校本研究外，争取小学教师之间的相互合作也是非常有效的。在过去的教学中，小学教师之间通常是竞争关系，大家比拼的就是学习成绩：谁的班第一，谁第二。这种竞争关系，让小学教师之间的合作有很大的障碍。在新的课改中，小学教师之间的障碍已经不复存在，合作使小学教师们组成一个团体，共同促进小组合作学习的发展。在小学教师的合作中，既存在合作，也有一定程度的竞争关系，使教育与教学工作重新焕发出新的生命力。

家长其实是一种十分宝贵的学习资源。在过去的语文课堂中，老师常常"闭关自守"，家长很少参与到学校教育中去，其实，无数的实践经验告诉我们，家庭教育，家长的教导，在课堂上学生表现的成长中占据至关重要的地位。小学教师可以在家长会上跟家长阐述小组合作学习的重要性，提出小组合作学习的要求，还有在小组合作的学习中，家长怎么样扶助孩子更好地完成自己的任务。

除了家长会的面对面倾谈外，现代信息技术非常发达，E-mail，QQ、班级主页等都可以向家长传递小组合作学习的相关信息，争取家长的大力支持与配合，是小组合作的学习非常有力的支持和保障。

（二）准备策略

小组合作的学习是需要大量的课前准备工作的，包括小学教师选择合适的内容，确定

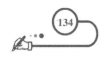

合理的学习目标；合理分组；选择有效的小组合作的学习方法；制定合适的评价标准；小学教师解释任务、课堂上学生表现的课前预习等。

1. 选择合适的内容，确定合理的学习目标

无论是阅读课，还是识字课，还是习作课，都能够用上小组合作学习的学习方式，其关键在于：什么样的问题适合班级学生小组合作的学习？寻找上述问题的答案在哪里？在班级学生身上！

小学教师要十分了解班级学生。了解课堂上学生表现的性格、爱好，还要了解课堂上学生表现的知识水平。我们常常在一线小学教师的备课中发现，许多教学设计，都是老师们的预设，看上去很合理，实际上操作起来，跟预设相差很远。这很大一个原因就是老师没有充分了解班级学生。

所以，我们在设计一个合理的、合适的教学设计，其根源一定是来自班级学生。过去，老小学教师们依照《教学大纲》一个一个知识点来传授，但现在，课改给予小学教师更大的自由度，对于文本，对于知识点，小学教师们可以灵活掌握。因此，设计一个合适的小组合作的学习目标，一定是依据课堂上学生表现的现有水平，再结合文本进行设计的。

2. 合理分组

小组合作的学习最突出的特点是强调班级学生在交流中学习成长。当他们进行小组学习，交流收获和感悟时，便产生了思想的火花，充满了无穷的智慧和潜力。怎么样给他们进行分组？小组合作的学习小组，并没有最好和最坏之分，根据目标、课堂上学生表现的特点、年龄、人数等因素进行预设。一般情况"小组规模越小越好"，我们在国内常见的小组是 4~6 人一个小组。在实际操作中，以 4 人一个组最为常见，也最为合适。因为 4 人小组可以很迅速地分为 2 人小组，或组合成 8 人小组。

在考虑分组的诸多因素中，小学教师需要有以下认识：

第一，小组成员越多，小组资源也越丰富，伙伴间越需要合作技巧，但组员之间的两两互动机会就越少。

第二，小组成员越少，班级学生学习机会越多，班级学生越积极，越容易发现和解决合作上的问题。

小组合作的学习中，不同能力、不同背景、不同经验、不同兴趣、不同性别的学成构成异质分组。班级学生间可以看到不同的观点，多种的解决方法，多层次的思考。然而，合作习中，也会有同质分组的情况，用于解决某些特定的教学目标。无论同质也好，异质

也好，小组合作的学习中没有最好或最坏的小组，也没有最理想或不理想的成员。决定小组合作效果的不是小组成员本人的优劣，而是他们合作的方式和效果。组建一个正式的合作小组，常见有以下步骤：

第一步：把全班分成若干个小组，每个小组4~6个人为宜，一般情况下推荐使用4人小组，尽量使人数为偶数，方便两两合作。分组的方法有很多，常用以下几种：

①随机分配法：根据一定的标准或需要分配班级学生。例如：学号末位是"1"的同学组成一组，或者是住哪几条街道的同学一组等等。

②随机分层法：把全班学习水平平均分成四个级别，然后在每一个级别中任意抽取一人组成四人小组。也可以按家庭背景、个性、纪律、性别等标准来分级别。这样的分组，组内是异质的，组间是同质的。

上述两种方法是在语文课堂上常用的方式。除了这两种方法，还可以根据爱好来分组，根据任务的需要来分组，或者由小学教师选择分组，还可以自由组合。

第二步：将课桌合并，每个座位有一个固定的号码，用于小学教师的观察与团体的评价。课桌与课桌之间的空隙尽量大些，防止组与组之间噪音影响。

第三步：选举小组长。四人以下的小组可以设一名小组长。四人以上的小组可以设正副组长各一名。建议小组长一个月轮换一次，原则上不连任。首选出来的小组长最好能起示范作用。有些小组合作的学习理论以小组员的角色进行设定与分配。实际这是不必要的，这多的角色反而影响了小组的正常运作，尤其是年龄越低的孩子，角色理不宜太复杂。小学教师可以根据教学需要，临时加设一个组长以外的角色，用于辅助作用。

第四步：明确小组长与组员的职责：维持正常的合作秩序，维护小组纪律，还有小组合作学习的正常开展（安排发言的顺序，发言代表，分配任务等）。当小组运作一段时间后，小组长的职责可以分配给各个组员。

第五步：每个小组起一个最合适的、最有创意的组名，形成小组的荣誉感。小组组建完毕，要对班级上的学生在组内的角色进行分配，更好地发挥每个组员的优点，调动课堂上学生进行积极性。

3. 选择有效的小组合作的学习方法

在小组合作的学习方法中，比较容易接受和操作的方法是结构法。所谓的结构法就是，对学习程序和要求的规定。

结构+内容=活动

在各种小组合作学习的实用性时，小学教师们发现，大部分的小组合作的学习，不管是多少人，用什么样的角色，最基本的形式和人员的配搭还是"2-2"配对。这就是"不

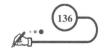

确定的两两配对"是最理想的教学组织形式。它最大限度地让班级学生同时进行活动。以下列举实际中常用和实用的小组合作的学习法，小学教师们可依据当代语文基础教育的任务选择：

（1）两两配对法

在两两配对学习中，先是进行个体学习，然后再进行交流、分析和综合、互助或互评。这种是最常用的小组合作的学习方法，也是其他学习方法的基础。两两组合在小学语文小组合作的学习中，最常用于解决下面的内容：

①拼音卡片、生字词语的读音和记形。如：低年级学生轮流交卡片摆在伙伴面前，伙伴读时做出反馈，相互纠正记音，相互识记字形。

②课文的朗读和评价。常常分角色进行课文朗读或是行课本剧的表演。

③简单的对话练习，简单的口语交际。

④简单的作业互评互改。一般情况下是有唯一答案的客观题，如读拼音写汉字，或者是判断题、选择题。

⑤对含义深刻的句子的理解。

⑥作文的互读互评。不用错别字、字通句顺，表达清楚。

（2）编号抽签法

这是一种基础性的合作语文课堂的操作方法。在小组合作的学习之后，随机地抽取提问、汇报。汇报者的观点，综合了整个小组的意见，代表了整个小组的成绩。这种抽签法是提高个体学习的积极性，但不能滥用，在进行合作活动时，要给予班级学生小组学习的时间和准备。

（3）任务组和共享组

给小组布置具体的任务，任务完成后，指示班级学生找小组内的另外的同学做学习伙伴，交流各自组内的看法。在活动过程中，需要强调班级学生，讲述的同学要讲得清楚，听的同学要认真倾听，并把伙伴的观点和自己的观点综合起来。

（4）三步访谈法

三步访谈法分成三个步骤进行：

第一步：伙伴两人进行活动，其中一人讲（或者问），另一个人聆听并记录。

第二步：聆听的那个人向小组内其他成员转述前一个讲述者的观点并作补充。小组内其他成员聆听并记录。

第三步：如此轮流，到最后，整个小组的成员都能得到一个完整的信息。小组的意见也得到完整地呈现。在整个轮流的过程中，小组学习的结果有两个效果：一个是集思广益，像雪球般越滚越大；另一个是去伪存真，观点得到提炼和升华。这种小组合作学习的方法，是一个非常经典的语言学习的模式。它体现了：信息收集——信息记录——信息整理——信息表达这样一个经典的过程。在小学语文小组合作的学习中，常用于处理一些开放的、深刻的、重要的学习问题，是讨论学习中最为常用的方法。

（5）三人走，一人留

这是"三步访谈法"的 T 延伸学习方法，小学教师可以依据需要来使用。其作用就是打破小组间的壁垒，让小组合作的学习全班化。具体步骤如下：

第一步：小组成员完成讨论和记录后，每个小组留下一个同学作为本组的讲解员，向其他组员讲述本组的学习成果。

第二步：其他三个成员可以到班内其他小组内进行聆听，记下别的小组的优点与缺点。

第三步：成员返回到自己的组内，交流所得，共同完善本组的作业。

需要注意的是，使用这种方法时，留下的讲解员要轮流来做，让有能力的同学先做，起榜样示范作用，并且负责教会下一个讲解员。隔一段时间，换另一个同学。

（6）交换法

交换伙伴是一种学习游戏方法，多用于低年级卡片识字学习，也能作为课余的一种娱乐项目，十分简单易行。具体做法是：每个班级学生随机寻找一个同学，利用学习卡片进行猜字游戏。当伙伴两人都认识了手上的卡片了，可以跟其他同学交换卡片，或者跟其也同学交换伙伴。生字卡片的制作最好能让班级学生自己制定，做好分工，每个制作一定的张数。整个班做成完整的一套即可，每个同学随身带几张，在空余的时间，随时随地的学习和记忆，是一种十分有效地巩固识字的方法。

这种交换法的用处很大，除了识字，还可以让班级学生自主出题去做考官，卡片的内容可以依据教学所需，也可以千奇百怪。类似游戏性质的随心所写的内容，是受小学基础教育的学生最喜欢的学习形式。尤其适合课余时间，当成娱乐和游戏，开展得好，同学之间还可以增进友谊，长进知识。

（7）互评互测法

孩子们小学语文作业绝大部分都能实行课堂上学生表现的互评互测。甚至，班级学生还能自主出题考察伙伴。小学教师如能经常性采用这种方法，课堂上学生表现的进步会非常大。这也意味着，同一份题目，班级学生除了自己独立完成时有自己的答案，还能在评价别人的答案时有了更新的思考，选择出他们认为的更合适的答案。这种方法还有一个非常大的好处：老师批改作业的负担会轻松很多。小学语文中最常做的事是听写生字词，依据互评互测法，可以如下实施：

班级学生自主出题，找出几个自认为最容易出错的生字词

①组内两两搭配互听互改。

②组内讨论：抽取出错率最高或最难的生字词。

③组与组交换考官，听写生字词。

④组与组交换，对应的组员互相批改。

⑤小学教师浏览过目，抽取全班出错率最高的字词，进行强调和个别改正。

上述几种方法，是当代语文基础教育中最常用的小组合作的学习方法，也是近几年来小组合作的学习实践中最有实用意义的方法。例只是提供一个参考，小学教师可以对这些方法进行修改和完善，进一步扩充并能在此基础上创造出更多、更有效的小组合作学习的教学方法。

4. 小学教师解释任务，班级学生完成预习

小学教师设计好小组合作的学习目标，组建小组，选择合适的学习方法，制定好评价标准，仅仅是这些，还是不够的，小学教师需要让班级学生充分认识到自己在这次任务中角色，完成什么样的任务。除解释任务外，小学教师还要解释成功的标准，建立个人的责任，将任务具体化，教给班级学生合作的技巧与方法，班级学生本人要做好课前预习工作。在小组合作的学习中，课堂上学生表现的预习准备，自学培养，是小组合作学习的前提，也是学习成功的有力保障。

（三）实施策略

班级学生一旦开始小组合作的学习，小学教师的任务就是监控和指点、引导班级学生。

1. 监控课堂上学生表现的行为

小学教师在做小组合作学习的准备工作时，已经预设了课堂上学生表现的行为和评价标准，小学教师可以以此作为监控的内容，对班级上的学生的小组合作的学习进行观察并作及时记录。每个班级上学生对于老师的观察内容总是特别敏感，因此，小学教师语文课堂上要善于利用这点，及时进行指导。

小学教师观察是连续性的，可以这样进行：

①观察谁？怎么观察？

②合作中，谁最努力？哪个组合作最有质量？

③为了促进小组尽快完成任务，做哪些必要求干预？

④有没有产生未预测到的问题？解决一些课堂上的小纠纷。

小学教师要善于观察，并将观察所得，形成文字和表格，积累成册，有利于对自己的教育教学成效进行检查和反思，有利于改善日后的工作，是非常珍贵的一线材料。

2. 指导与辅导班级学生

良好的语文课堂管理是小组合作学习顺利开展的有力保证。小学教师在语文课堂上指点、引导班级学生小组合作的学习，需要注意以下方面：

(1) 给予班级学生足够的小组学习时间

在很多小组合作学习的语文课堂上，小学教师提出小组合作学习的要求，然后班级学生进行小组活动，但仅仅过了3分钟，老师就要求班级学生停止活动进行汇报了。这也是很多小组合作的小学语文课堂流于形式的根本原因。

因此，小学教师在指导时，不要太计较时间问题。刚开始进行小组合作的学习时，老师与班级学生都需要适应，也会出现很多问题。但这并不是小组合作的学习本身的问题，而是接受一个新事物的必然性过程的普遍情况，不能因此而否定语文课堂上进行小组合作的学习。

其次，舍得花时间在小组合作的学习上，课堂上学生表现的积极性才能充分体现。也许语文课堂上会有一些零乱的情况。有些班级学生情到浓时也会争吵，老师只需要过去提醒一下控制好音量，温馨提示一下便好。这些所谓的"乱"正是受小学基础教育的学生思维碰撞的火花。小学教师不要以为井井有条的语文课堂才是学习。

最后，当语文课堂的正式合作小组运作熟悉后，开始对时间有所要求。争取在最短的时间取得最大的效果。也可以经常性地请高效学习小组的同学上台讲述本小组合作的方法与技巧，相互交流。小学教师给予班级学生足够的时间学习，能发现问题，是更高层次的指导和解决问题。

(2) 教班级学生学会倾听

在当今小学语文课堂上，学会倾听的能力是非常重要的。孩子们注意力容易分散，这是他们的年龄特点，但是，我们不能因此而听之任之，还是要想方设法提高课堂上学生表现的注意力，形成良好的听课习惯。怎么样才能让班级学生学会倾听？小学教师可以采用以下方法。

第一步：新接手一个班级，要讲明白倾听的重要性。所谓的会听，就是指老师上小学语文课的时候，首先是要听清楚老师说的话是什么意思，紧接着，是跟随老师的话语进行思考，这是低年级学生需要做到的；中年级学生，在此基础上，进一步拓宽思考的广度与深度，能根据老师的话，联想到相关的知识点；高年级学生，在中孩子们的基础上，将老师与联想到的相关知识点，还有同学们相互交流时的观点进行比较与分析，得出自己的见解。

听是一种非常重要的能力，随着儿童学习的深入，听的水平也越来越高。聆听是学习的有效途径，还是一种交际的技能，聆听是礼貌的表现。

第二步：小学教师要在平时的语文课堂上检查班级学生听的习惯，既是对学习的一种巩固与加强，也是培养听的能力。

第三步：及时反馈，给予表扬。家校合作，共创美好。

无论是一年级的小朋友，还是高年级的孩子，他们都喜欢"糖衣炮弹"，给予班级学生一块糖的奖励，对于班级学生来讲也是有特别意义的。因此，老师要"不吝赞美"。有些班级学生转述别人的话是有困难的，要引导他们讲正确，还要多做一步，鼓励他们下次再继续，并且告诉他们：知道错在哪里，才能找到正确的方向了。

另外，家长会时，小学教师也要将这种十分实用又有效的方式介绍给家长，让班级学生重复家长说了什么。这种生活中轻松的"家长——孩子"小组合作学习的方法，是非常有效的方法。孩子如果从小就从家长处得到这种练习，到其入学时，可以很轻松地进行学习，游刃有余。

（3）语文课堂组织上的引导

小学教师在小组合作的学习中提供指导和辅导，目的就是提高小组合作学习的高效性，避免班级学生因为矛盾和争执浪费宝贵的学习时间。

①小组合作的学习时要有礼貌，同学间只是发表个人的看法，不是人身攻击。

②控制音量，能清楚表达给组员听到就好，不要制造噪音。

③有疑惑的地方，组内能解决的，组内解决，组内不能解决的，可举手示意，向老师请教。

④组长做好协调工作，老师无法顾及时，加强组织管理，对照老师设计好的评价标准，记录员及时记录活动过程中产生的问题，组长尽量马上解决问题。

（4）学习方法上的引导

班级学生在语文课堂上遇到知识性的问题，是合作语文课堂上常见到情况。小学教师要适当进行点拨，参与到课堂上学生表现的合作活动中去。

①班级学生有讨论取得一定的成效，予以表扬，还要启发班级学生再思考：除了这种观点或方法，还有别的吗？这是肯定式点拨。

②班级学生学习有困难，小学教师可以用提示方式给予帮助："语重心长"是什么意

思？放在这个语境中合适吗？

③对于班级学生出现的一些有深度的问题，可以用诘问的方式，类似于苏格拉底的"助产术"，培养小学学生的创新能力。

（四）评价与反思策略

小组合作学习的评价自始至终一直贯穿于小组合作学习的始末。这个评价的开始，在小学教师设计小组合作的学习方案时，已经充分预设；在语文课堂中，依据预设对小组合作的学习进行监督、记录和评价；课后，对于评价要进行反思和完善。对于如何设计评价，前文已经作了详细的说明，现在着重谈谈，语文课堂上的评价与课后的反思。小学教师应该注意以下几点内容。

1. 倡导小组自我监督，班级学生自我约束，评价多元化

老师的精力是有限的，一个班这么多班级学生，这么多学习小组，老师常常顾及不到。而且，学习的最终目的都是培养人，因此，小学教师要培养小学学生自我监控，小组监督，最终让班级学生学会小组合作的学习。听上去，好像是天方夜谭，不可能实施的幻想。实际只要监督得好。这种方式完全可以实现。伙伴是小组合作的学习中最有发言权的评价者，因为他/她参与了整个合作过程，而且对伙伴的合作表现感受最直接，因此，在合作过程中，在任务栏中要有"自评"与"伙伴评价"一栏，此外，还有"小组评价""老师评""家长评价"栏目。除了评价课堂上学生进行情况，还要对班级上的学生学习态度与努力程度作点评。成绩并不是评价一个班级学生学习的唯一标准，小学教师也可以根据本校的情况，在内容一栏增设"纪律情况"等。

2. 评价要常规化，多样化

只要有学习，就要有评价，无规矩则不成方圆，无评价就没有效果。因此，在开始小组合作的学习前，这种评价的要求要深深印在班级学生脑海中，形成条件反射。另外，评价方法可以多样化。

①语言激励法：小学教师要常用口头表扬方式，用语言来赞美课堂上学生表现的进步与努力。

②等待创新法：每个班级学生，在思维的碰撞的火花中，总会有思维打结与停滞的情况，也许课堂上再多等班级学生几秒，又或者用鼓励的眼神让他坐下继续思考，我们的语文课堂更具有生命力与真实性。

③积累成长法：班级学生建立个人成长袋，语文课堂评价要装订成册，一个月或一段

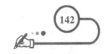

时间后，将前后两个评价表进行对照与反思，让班级学生寻找到成长的足迹与记录成长的快乐。

3. 积极评价

对待课堂上学生，教师一律予以肯定和鼓励。有些小学教师提出来，如果班级学生回答错误，怎么办？还要肯定与鼓励吗？如果班级学生回答错误，应该给予更多的鼓励，但鼓励的不是回答错误，而是敢于说出自己的想法。从态度上给予鼓励。勇于说出自己想法的小学生，行为本身就已经是一种成功了，为什么不予以鼓励呢？须知道，创新从来都是在错误中产生的。传统的教育，一向追求"标准"的答案，跟老师的心中的"标准"越接近越好。小组合作的学习则不同，是一种思维的发散，寻求的并不是唯一的答案，而是合适的，班级学生可以有多种的见解。

因此，教师首先要给站起来的回答的小学生一个肯定的评价，再予以引导与深入思考。无论评价怎么样变化，小学教师立足于鼓励与引导，期盼课堂上的孩子们能更认真，更积极地投入到学习中去，形成班级学生积极的学习态度和人生态度。

第三节　探究式教学法在小学语文课堂教学中的应用

一、探究式教学法概述

（一）探究式教学法定义

探究式教学，又称做发现法、研究法，是指学生在学习概念和原理时，教师只是给他们一些事例和问题，让学生自己通过阅读、观察、实验、思考、讨论、讲等途径去主动探究，自行发现并掌握相应的原理和结论的一种方法。它的指导思想是在教师的指导下，以学生为主体，让学生自觉地、主动地探索，掌握认识和解决问题的方法和步骤，研究客观事物的属性，发现事物发展的起因和事物内部的联系，从中找出规律，形成概念，建立自己的认知模型和学习方法架构。可见，在探究式教学的过程中，学生的主体地位、主动能力都得到了加强。

（二）探究式教学法过程

1. 创设情境，激发自主探究欲望

探究式教学的载体与核心是问题，学习活动是围绕问题展开的。探究式教学的出发点是设定需要解答的问题，这是进一步探究的起点。从教学的角度讲，教师需要根据教学目的和内容，精心考量，提出难度适度、逻辑合理的问题。

2. 开放课堂，发掘自主探究潜能

在富有开放性的问题情境中进行实验探究。这是教学的关键步骤，教师首先要帮助学生拟定合理的研究计划，选择恰当的方法。同时，要求教师提供一定的实验条件或必要的资料，由学生自己动手去实验或者查阅，来寻求问题的答案，提出某些假设。这时，教师起到一个组织者的角色，指导、规范学生的探索过程。这个过程可以由单个学生自己完成，也可以由教师将学生分组来完成。要注意培养学生寻求合作的团队精神。经过探究过程，学生要把自己的实验过程或者查阅的资料进行总结梳理，得出自己的结论和解释。不同的学生或者团队可以就同一问题提出不同的解释或看法。他们要能够将自己的结论清楚地表达出来，大家共同探讨。

3. 适时点拨，诱导探究的方向

教师为了达到让学生自主学习的目的，引导学生自己去发现问题，学生不明白时可适当点拨，诱导探究的方向。

4. 课堂上合作探究，训练主动学习的能力

在探究教学中，教师是引导者，基本任务是启发诱导，学生是探究者，其主要任务是通过自己的探究，发现新事物。因此，必须正处理教师的"引"和学生的"探"的关系，做到既不放任自流，让学生漫无边际去探究，也不能过多牵引。

（1）交流自学成果

在课堂上，让学生交流自学成果。在互相交流中，使大家思维相互碰撞，努力撞击出创造思维的火花。交流形式可以灵活多样，可以让学生自由发言，也可以让学生先在四人小组交流，然后派代表在全班汇报。

（2）合作学习，探究疑难

让学生对交流成果环节中所提出的问题以及普遍存在的模糊认识进行讨论，在合作学习中大胆质疑解疑。讨论的形式可以灵活多样，可以同桌互帮，四人小组研讨，全班辩论等，为学生充分表现、合作、竞争搭建舞台，使教师指导和学生自主探究相结合，传授知

识和解决问题相结合，单一性思考和求异性思维相结合。

在合作学习过程中，教师要善于诱导。如你认为他说得对吗？为什么？对他的回答你满意吗？你有什么不同的见解？等等，把学生的思维推向高潮。讨论中，教师要做到：

①要密切关注讨论的进程和存在的问题，及时进行调整和引导；

②要发现多种结论，特别注意和自己备课时不一致的结论，变教案为学案；

③要充分调动学生讨论的积极性，及时发现优点，特别是善于捕捉后进生的闪光点，及时给予鼓励。讨论要使学生思维碰撞，闪现思维火花，激发表现欲，促进创造思维的发展。

5. 课后留创新作业，激励学生主动学习

为了激发学生自主、合作、探究的学习兴趣，课后，教师布置的作业要改革，努力减轻学生的课业负担。

（1）留因材施教的作业。教师要客观看待学生身上存在的学习能力方面的差异，留作业应做到因材施教，采用按能力分组、分层、适度布置作业。如学习了课文后，我设计三个层次的作业。

①自由读你喜欢的段落，抄写课后词语；

②摘抄并背诵你认为优美的词语，喜欢画画的同学还可以画一幅山水画；

③写读后感或请你当一回导游写一段导游词。

我让学生根据自己的能力和爱好，选择其中的一项来完成。这样，各个层次的学生都得到了训练，既减轻了学生的课业负担，又提高了学生自觉主动地完成作业的积极性。

（2）留课外阅读的作业

课外阅读的作业，不但扩大了学生的阅读面，使学生更好地学习，而且能促进学生积累词语，积累写作素材，提高学生阅读和写作的能力，激发学生自主学习的兴趣。

（3）留写日记的作业

日记是学生畅谈自己喜、怒、哀、乐的广阔天地，是学生诉说心里话、观察社会、评头论足的阵地，学生在写日记时觉得有话可写、乐写、想写。留写日记的作业，激发了学生自主学习的兴趣，持之以恒，学生的写作水平就在不知不觉中提高了。

（4）留想象的作业

想象力是发现、发明等一切创造活动的源泉。没有想象就没有创造，善于创造必须善于想象。因此，我们在教学过程中，要善于捕捉课文中可延伸、可拓展、又能升华和突出主题的地方，鼓励学生发散、变通，培养学生的创新意识激发学生自主、探究学习兴趣。如激发学生自主、探究学习。于是，要让学生在课后充分发挥想像力。

二、小学语文课堂中落实探究式教学模式的建议

（一）识字教学的探究式教学

自主探究的基本方式是阅读教材。通过阅读，班级学生不但可以熟悉教材，而且可以在阅读中感知、感悟和思考。年级学生阅读结束以后，小学教师可通过提问了解课堂上学生表现的自主探究结果。由于课堂上学生表现的知识底蕴、思维模式、社会阅历均不相同，因此自主探究的结论必然有对有错，有深有浅，有全有偏。

按照《小学语文课程标准》的基本理念之一，它倡导要把班级学生看作学习的主体、发展的主体，真正以班级学生发展为本，培养创新精神和实践能力。在识字教学中怎样由过去的传授式变为探究式教学呢？

1. 提供探究环境，激发出班级学生探究思维

学习离不开具体的情境，课堂上学生进行环境决定着其学习效果。低年级学生思想单纯，很容易受外在环境的影响，所以创造一个良好的学习环境有利于课堂上学生表现的探究式学习。

老师把班级学生提出的问题集中起来，抛出问题让全班同学思考，鼓励班级学生发表自己的见解，结合大家的智慧来解答问题，而不是简单地由老师来解答。这种方法不仅可以促进班级学生发现问题的能力。也可以锻炼班级学生解决问题的能力。更有利于激发他们的创造性思维，真正做到"学与思"的结合。

老师也可以组织班级学生到图书馆、博物馆参观，了解某些文章的背景，深切体会作者所在的时代背景，然后再让班级学生自由交流和讨论，这样一来，课堂上学生表现的很多疑问就在参观学习中得到解决，班级学生学习这篇文章的印象更深刻，学习的兴趣也会更浓厚。

2. 阅读理解教学的探究式教学

语文课堂阅读理解教学的主要目的是使班级学生形成本课题中的"探究"，是指每个班级上学生对课文的自主阅读，是受小学基础教育的学生与课文笔者的倾心交谈，是小孩之间的自由交流，是受小学基础教育的学生与老师、与文化的平等对话；探究即思考、求新的过程。习惯是由长期的经验或反复训练形成的一种固定的行为倾向，而语文课堂阅读习惯就是受小学基础教育的学生在语文课堂阅读中自觉积累、自由感悟、自在审美、自主思考和自我更新的一种较稳定的行为倾向。

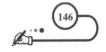

小学语文作为后续小学语文学习的基础，语言教学的本质是方便交流。因此，在语言教学中，我们必须充分利用实践活动锻炼课堂上学生表现的语言应用和接收能力。低年级学生具有好玩、爱表扬、好胜、好奇等心理，对此小学语文老师可以充分利用教学策略，挖掘教材隐含因素，体现语文课堂活动价值，组织、设计有效的语文课堂活动，提高低年级学生参加活动的效果性与实践性。

小学语文一直被认为是一项枯燥的语言基础学科，所以在小学语文探究式教学中，老师必须从当代学生们心理思维与知识接受过程出发，提高班级学生学习小学语文的主动性与积极性；整合低年级学生喜爱动画等特征，运用先进的教学方法深化教学过程，引领更多的小学生投入实践活动中。

探究性阅读不仅是学生小学语文学习的主要形式之一，而且需要循序渐进实施，各个学段要落实不同的具体要求如下：

第一学段要引导儿童自由阅读，"对感兴趣的人物和事件有自己的感受和想法，并乐于与人交流"；

第二学段要引导儿童抓住"自己觉得新奇有趣的或印象最深、最受感动的内容"，"与他人交流自己的感受"；

第三学段要引导儿童"联系上下文和自己的积累，推想课文中有关词句的意思，体会表达效果"和"在交流和讨论中，敢于提出自己的看法，做出自己的判断"；

第四学段要求班级学生"对课文的内容和表达有自己的心得，能提出自己的看法和疑问，并能运用合作的方式，共同探讨疑难问题"。

综合上述学段读者可见，探索语文课堂阅读规律，提高阅读理解教学质量和效益是小学语文老师一个新的艰巨任务。

（1）阅读理解教学的探究理念

①在阅读已知与未知的联结点上探究：

探究即发现，发现从课堂上学生表现的"问"开始，是一种问题质疑式学习。探究的问题由老师或班级学生提出来均可，但要逐步培养小学学生自己发现问题与提出问题的能力。及时发现班级学生语文课堂阅读过程的认知冲突，并创设相应的阅读问题情境，引导儿童紧紧围绕阅读中已知与未知的联结点进行探讨研究，可以促进班级学生在积极情感的帮助下自主地、能动地阅读，实现阅读的再创造。

"问题探究"教学模式是根据教学内容及要求，由老师创设问题的情境，以问题的发现、探究和解决来激发出课堂上学生表现的求知欲、创造欲和主体意识，培养小学学生创新能力的一种教学模式。

在教学中小学语文老师要为基础教育儿童创设情境，启发和鼓励班级学生自己发现并提出问题，经过收集资料，以类似科学研究的方法，或独立探究，或协作讨论，或在老师指导下，最终通过自主学习、探究学习、小组合作的学习等方式，得出问题结论，获取新知识。同时也在班级学生主动探索知识、进行创造性思维的过程中，提高班级学生获取信息和解决问题的能力。培养小学学生的创造性品质和创新能力。

②在课文内容与学习兴趣的相关点上探究：

阅读理解教学，首要的应该让读成为基础教育儿童的一种内在需求。任何外在的强制性的或是功利性的阅读，一定是片面的、肤浅的、低效的，或许能达成获得信息、掌握知识等功效，但它不可能在读中实现心灵的震颤、心智的启迪、感悟的诱发，更不可能使班级学生在读中实现全生命的生成。

③在阅读争论的焦点上探究：

同一阅读问题，从不同角度去分析理解，答案确实是丰富多彩的。培养小学学生大胆求异、质疑、争论的意识和品质，是发展班级学生阅读探究能力的前提。在语文课堂阅读理解教学中，小学语文老师要对课堂上学生表现的发散思维和求异思维进行积极引导，努力让阅读争论成为基础教育儿童乐此不疲的生命活动，诚心诚意地为每个低年级学生营造争论的氛围，并给他们提供争论后及时交流、平等对话的平台。

④在课文与生活的结合点上探究：

语文课堂阅读理解教学不是把老师的理解、感受强加给班级学生，更不是将知识原封不动地"塞"给班级学生，而是要设计导致在小学阶段的学生产生某种理解、感受与体验的"碰撞"，让"碰撞"去产生本身必然会有的效果。在小学语文探究式教学中就是要营造一种宽松平等而又充满智力活动的阅读探究氛围，使班级学生通过对生活的感悟来领会课文，自然而然地获得知识，习得语言，陶冶情操。

（2）探究式阅读四个步骤

从新课标和发展课堂上的孩子们能力出发，探究式阅读可分四个步骤，即：体悟、交流、探究、归结。新的小学语文课程标准中，把探究提到了新课程基本理念的第三条来对待："积极倡导自主、合作、探究的学习方式。"开展探究学习，要有足够的支持条件，如：图书馆、互联网等信息渠道，实践实习的场地，相互交流的时间及活动等。

"授人以鱼，不如授人以渔"，也就是说在学习过程中老师直接给出答案，不如班级学生自己去找答案；传授学习知识，不如传授学习方法，激发出班级学生自主探究式的学习。

第一，班级学生需要掌握阅读课文的方法。

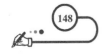

阅读是理解课文的第一步，阅读文章时不能泛泛而读，也不能囫囵吞枣，而要带着问题去读，必要的时候可以反复阅读，所谓"书读百遍，其义自见"就是这个道理。

第二，班级学生需要在阅读中思考，坚持"学与思"结合。

问题的解决仅仅依靠文章、资料是远远不够的，班级学生应该自己开动脑筋、思考问题，把得来的信息进行加工、整理，找到其中内在的规律。提高思考问题、分析问题、解决问题的能力。把思考贯穿于整个学习过程中。

探究式科学教学并不是指一种具体的教学方法，而是指老师在理解"科学探究"基本精神的基础上，在自由创设的、有结构的、能促进班级学生认知与情感发展的教学情境中，让班级学生自己动手、动脑，主动获取科学知识和发展探究能力的一种教学方式。

①体悟：年级学生在这一环节中体会到多少就写多少，但一定要开动脑筋，认真完成，让生活经验参与其中，充分体悟阅读的乐趣。力求更全面、更充分、更深刻的体悟。老师在这一环节中要参与到课堂上学生表现的体悟中来，要指点、引导班级学生运用手中的资料，指点、引导班级学生做旁批或札记等方法。

②交流：有了对文章的初步体悟，就给班级学生间的交流奠定了基础。在交流中，老师参与其中，充当主持人的角色，也可以让孩子们来承担主持的任务，让全班班级学生自由发言，谈出自己的体悟，或针对前面课堂上学生表现的发言置疑、反驳、解疑、辩论反驳。同时，老师要注意调控班级学生发言的参与人数和次数、问题是否偏离、学生是否认真记下别人的发言内容等，也可针对性地点拨或提出更深一步的问题。同时，还应该认真听取课堂上学生表现的心声，用心去欣赏他们的独到感受和体验，把班级学生阅读所感受到的乐趣转化为自己的乐趣，从而进一步影响班级学生去发现探究。

③探究：班级学生在交流后，要将自己记下的问题进行整理，列出不能确定的问题，再相互合作，利用课外时间或专门安排时间到各种信息渠道去查找资料，获得有关联的答案。这些渠道可以是学校内的有效资源，如：互联网、图书馆、相关老师等等，也可是老师事前收集好各种相关资料提交给班级学生。同时，班级学生可能在获取答案资料的时候又发现的新问题，这时，可让孩子们记下这些问题，作进一步的探究。在整个过程中，老师要注意引导儿童共享资料，指点、引导班级学生查找资料的方向及方法，或是直接推荐资料让孩子们阅读。同时指点、引导班级学生制作摘录卡片等。

④归结：班级学生通过资料的获取，要进一步针对先前的问题进行交流归结。在语文课堂上再次让孩子们交流，把自己获取的答案和相关资料进行介绍，并做好札记。这一次进一步的交流使班级学生充分共享了资源，也充分结合了众人之长。交流完后，就让孩子们根据自己的札记做成知识序列表或知识树，也可写对该文阅读的体会、读后感、鉴赏分

析、综合分析等类的文章，从而强化学习的过程和效果。在学习过程中，老师要指点、引导班级学生归结的方法，同时收集较好的归结图表、文章，反馈给班级学生，让他们体会。

以上流程的运用可以是某章节为一个整体，也可以是一篇课文为一个整体，老师根据时间的许可、课堂上学生表现的情况、教材内容的难度等合理安排，要做到活而不乱，有序进行。在这个探究式阅读理解教学模式，师生之间的主导发生变化，老师指导为辅。年级学生在学习的过程中，要坚持理论和实践的结合。不仅要养成探究式学习的习惯，掌握探究式学习的方法，还要学以致用，灵活运用这些方法在阅读理解教学模式中。

区分探究式科学教学的不同类型，或将有助于科学老师正确理解探究式科学教学，并促使他们根据自身的条件、教学内容的特点及课堂上学生表现的具体情况，选择适合于自己班级的探究式科学教学方式和方法。

有相关学者也认为，教育的过程是教育者与受教育者相互倾听与应答的过程。老师应有平和的心态去倾听，保持一颗充满柔情的爱心。老师要善于鼓励孩子们深入实践，经常运用这些方法去实践学习、尝试学习，这样才能熟练精通。同时，还要"尊重享受在小学语文探究式教学的独特体验。""要珍视课堂上学生表现的感受和体验加以鼓励。"

（3）强调阅读中的个性批注

在小学语文探究式教学中，老师应该让孩子在探究式的学习中去汲取知识，培养他们对学习的兴趣，传授学习方法，让他们形成自己的思维去发现问题、分析问题，从而达到问题解决的目的。只有如此一来，小学语文课堂的教学才会取得进步，小孩子的学习积极性才会增强。这会使得孩子在阅读中的理解、感悟、体验、想象必然有所不同，从而给孩子提供了动脑、动手、动目的阅读空间。

（4）网络环境下的个性化阅读理解教学

在语文课堂教学中，应用探究式教学模式时，最关键的是教师要深入理解探究式教学的教学理念，要把探究式教学的思想本质时时渗透在整个教学过程中。即把合作意识、探究及解释与证据等思想、观念随时渗透到教学的各个细节中。

互联网的开放式和丰富型多媒体阅读资源，为长期困扰我们费时低效的语文课堂阅读理解教学，提供了新的教学环境，使班级学生自主的个性化阅读成为可能。开展基于互联网的阅读理解教学，为小学语文探究式教学改革提供了一个新的机会和挑战。由于教材修订及更新的相对缓慢，造成了以文字教材为主的课本阅读理解教学内容的滞后性和局限性，信息量远远不足。传统阅读中，小学教师常常需要准备一些纸质的补充阅读材料，但数量不多，且费时费力。借助互联网的优势，教师可以在较短时间内，较少人力、物力来构建一个无限开放的阅读环境。

每个班级学生都是个小思想家,教学不是在白纸上涂抹,班级学生在接受正式科学教育之前已经具有了各种各样丰富的想法;要创设适宜的教学情景,引发课堂上学生表现的已有观念;要给班级学生机会为自己的想法或假设寻找事实证据,同时思考假设、证据、结论间的关系。

老师要给学校小学生时间,能让他们进行交流讨论。尤其是要给学校小学生机会阐释自己的见解,他们学会为自己的观点进行辩护。在这样学习情景和学习过程中,孩子们已有经验和将要学习的经验或者正在试图理解的信息之间发生积极的相互作用,从而实现小学学生对所学知识技能、过程方法及态度情感意义的建构。

小学教师在教育、教学当中的地位和作用,不仅不可能被网络所代替,相反小学教师在这种模式下的重要性更大,互联网毕竟呈现的是信息交流,对于特定的学习任务而言,互联网信息丰富而零乱,教师的工作会变得更加复杂与有意义。

在课前,需要创建与教学内容有关联的学习资源,教学过程中要引导年级学生学会借助网络资源进行学习,指点、引导学校小学生在网上迅速地筛选和获取所需资源,教师对于学校小学生情感体验的支持更是网络无法代替的,课堂学生碰到难题时,教师可作适当地点拨。师生一起扫除障碍,课堂学生失去信心时,老师需要及时激励、帮助学困生重新树立起自信心。课堂学生取得成绩时,中小学语文教师要给予表扬,这种情感上的认同,可以使师生之间建立起更加和谐的关系。

(二)作文教学的探究式教学

1. 运用"头脑风暴"

首先,小学教师提出某一话题让孩子们发表自己的观点:围绕话题写什么?

在学习过程中,无论学校小学生表达怎样的观点或设想,教师不做任何批评和否定。在头脑风暴发生时,任何的批评和否定都会阻止学校小学生想象力和创造力的发挥。哪怕此时的想象不成熟,甚至只是思想上的一点点火花。

作为小学教师,要让孩子们成为学习的主人,并以积极的情感体验和深层次的认知参与作文教学,使他们的主体意识、能动性和创造性不断得到发展,从而提高孩子们创新意识和创新能力。

其次,针对提出的设想和方案进行筛选,选出可行的方案。在筛选时只要小学生言之有理,不妨暂时保留,待下一步进行探讨研究和完善。哪怕此时有些观点是可笑的,如果老师按照习惯性思维对孩子们观点进行筛选,那么很有可能一些新颖的甚至可能是深刻的观点，在其尚未成熟之际就会被扼杀。

最后，在全班范围内进行讨论，将这些方案加以完善，使之切实可行。这一过程实际上就是年级学生写作过程中的选材谋篇过程。

2. 用童心画出作文

（1）创设情境，诱导创作

低年级孩子识字不多，小学教师得激发他们对"写话"的兴趣。我们先创设情境，诱发他们潜在的欲望，第一次创作，让孩子画自己最喜欢的东西，然后写上最想说的话，一句两句都行，用水彩笔直接写在画面上，不讲究任何格式，随心所欲地去创作，由"画"生话，一举两得！

（2）开放视野，激情创作

我们淡化系统作文写作知识的传授，从扩大孩子们的生活天地、丰富年级学生生活情趣、提高小学基础生活质量入手，开放教学时间学习、思维，拓宽写话的视野，班级里的小学生们积累生活素材，写话时可以有材料进行激情创作。

①丰富多彩的校园生活是写话取之不尽的天然源泉；

②视野广阔的校外生活是写话用之不竭的自然资源；再者，生动活泼的小学语文探究式教学材料是写话拓展的课程资源；

③开发多元化智能的小学课程上的改进，是属于可充分利用的教学资源。如：可引导低年级学生听音乐想象画画、写话。在小学课程的改进上，年级学生们多种感官共同参与，集观察、思维、绘画、表达于一体，不仅开发了多元化智能，促进了想象与创新力、表达能力等各项综合能力的整体协调发展，又满足了个性特长发展的需求。

写话为低年级学生创设了良好的写作心境和自由的写话空间，擦亮了孩子们眼睛，可以说点燃了低年级学生语言交流的心灯，年级学生极其自然地表达他们熟悉的现实和梦幻的生活，用童心话作文，铺设了写话到习作的过渡桥梁，为提高整个小学阶段的作文教学质量做了有益的探索。

3. 让孩子们在参与中体验，在体验中作文

生活是艺术的唯一源泉，生活也是作文的唯一源泉。作文写作离不开生活，我们可以认为作文教学的出发点与归宿点都是生活。首先要让班级学生们走进生活。从当代学生们感兴趣的体验，使班级学生在体验的同时能主动地积极地走进。

（三）口语交际中的探究式教学

语言交流是孩子们听与说能力的个性发展。口语交际训练的要求不仅包括听说训练的

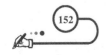

基本要求，还包括针对交际对象、环境、情态和交流目的、内容、重点以及变化情况，培养低年级学生待人处事的能力。准确理解话语的能力。敏捷思考、临场组织语言的能力。

语文学科需要丰富多变的内容，才会让孩子们的思维更加灵活，表达上也变得机智，双向或多向互动式的语言交流的训练。其要求显然有较大的扩展与提高。它不仅要求训练每个孩子的听说能力。而且要求在口语交际中规范孩子们口头语言，培养低年级学生待人处事、临场应变等综合能力。中小学语文探究式教学课程标准在总目标中，强调指出口语交际要使低年级学生具有日常口语交际的基本能力。在各种交际活动中学会倾听、表达和交流，初步学会文明地进行人际沟通和社会交往，发展合作精神。

1. 精心创设口语交际情境

其依据教材创设口语交际的相关情境，才是上好口语交流课程的关键，这样的教学必须"创设口语交际的环境，使低年级学生在有交际实感的情况下养成口语能力与态度。"小学教师应遵循反映论原理，通过综合运用环境营造、言语渲染、角色设置、现实场景、电教媒体等方法手段把生活情境重现于语文课堂中，让孩子们承担有实际意义的交际任务，激发出孩子们积极情绪和浓厚兴趣。

（1）实物演示，观察体验

情境式语文教学会增强孩子们生活体验，更容易刺激到他们的思维，丰富语言表达。小学阶段的低年级学生智能发展尚处于基础阶段，他们观察事物较为粗略，在大多数情况下，小低年级学生完全不会观察，可以这样认为，他们的眼睛已经不用来看，耳朵不用来听。小学教师的任务就是要教他们学会看、听、感觉。

因此，让受基础教育儿童学会观察显得尤为重要。低年级的小低年级学生多属于直观思维，采用直观形象、真实可感的实物展示，才能很快吸引低年级学生注意力，易于低年级学生学习观察。

（2）角色扮演，情趣盎然

喜欢小动物，这是儿童的天性，让孩子们戴上头饰扮演成可爱的小动物参加"童话故事会"，使低年级学生感到新奇有趣，孩子们情绪也会因此变得高涨起来，低年级学生口语交际的主动性就会被激发出来，他们就会怀着浓厚的兴趣，带着饱满的情感，走进"交际情境"，去表演、去体验、去感受。

语文情境教学其要求：

班级举办一次童话故事会，每人准备自己的童话故事，先在小组里讲，然后每组选出人选去班级上讲；

老师也要告诉低年级学生选的童话不要长，要生动有趣。

根据低年级孩子们性格和兴趣爱好，老师在课前布置给低年级学生每人选取一个篇幅短小、生动有趣的童话故事。

老师需要为低年级学生提供了良好的课外阅读思路，有利于低年级学生有选择、有目的地去阅读、寻找。

语文课堂上，老师让孩子们戴上自己喜欢的小动物头饰，创设了一个低年级学生们喜闻乐见的森林小动物举办"童话故事会"的语文课堂情境式教学，活跃了语文课堂氛围，使低年级学生好像处在轻松的童话般的世界当中，尽快地进入角色。通过"找故事""选故事""讲故事""评故事大王"等一系列活动，为基础教育儿童创造了交际的兴奋点，让他们"有兴趣说，说有兴趣"，大大激发出孩子们交际热情。

同时，为了切实扩大孩子们参与面，采用小组合作学习的方法，鼓励低年级学生人人参与，让每一位低年级学生都有说话的机会，让他们积极主动地参与到口语交际活动中，活跃于语文课堂教学的全过程。

这不但有效地提高了当代学生合作交流的能力。原本不爱发言的低年级学生消除了恐惧心理，在语文课堂上大家都会变得敢说、愿说、乐说。这也有效的真正训练了孩子们阅读、理解、记忆和表达等能力。

2. 利用基础学科教学的各个环节加强口语交际训练

口语交际训练仅仅依靠几节口语交际课是远远不够的，应该将其贯穿于基础学科教学的始终，应该通过各个基础学科来提高孩子们语言交流。

（1）在质疑中释疑加强口语交际训练

质疑、释疑是低年级学生在小学语文探究式教学中提出问题、师生共同解决问题的重要环节。这个环节不但能培养低年级学生发现问题、解决问题的能力。而且也能培养孩子们语言交流。尤其是释疑的环节，就是通过互相讨论，甚至争论来探索真理、提高能力。这一环节中，既有师生双向的信息交流，又有孩子间的立体交流，当代中小学语文教师重视这个环节的教学，对培养小学学生的语言交流是大有裨益的。

（2）在评议中加强口语交际训练

开放式语文课堂帮助班级学生树立自信，能够让班级学生有充分地展示个性的一面，整个过程表现出学生对教师、同学的见解。课堂上的孩子们能够表达出自己的想法，班级学生之间的虚心接受或针锋相对，坚持己见都有助于学生表现的口语交际能力。开放式语文课堂的评议属于口语交际训练的好机会。班级学生在语文课堂中需要积极主动思考判断，提出不同看法和补充意见，并且还能养成耐心专注地倾听别人发言的习惯，而这点上往往是很多班级学生容易忽视的。在评议中，班级学生交流互动，敢于争论，在心理上获得了一种成功的满足感，不仅提高了语言交流。而且培养了口语交际的信心。

（3）在小组合作的学习中加强口语交际训练

"师生、生生、师生社会之间的'互动式'，体现在'合作'之中，提高与'合作探究'之中。"小组合作的学习为每个孩子在语文课堂上进行口语训练提供了机会。这需要教师进行有效的引导开展，保证小组合作的学习能够有效地进行。比如：在小组长的组织下，就一个问题展开讨论，人人都要发言，经讨论达成共识或者保留不同意见。全班反馈时，既可以小组为单位一起发表看法，互相补充，也可以推荐代表阐明本小组的观点。这样做，可以增加班级学生参与口语交际训练的广度与浓度。

第六章 小学语文教学中的评价艺术

第一节 教学的重要环节——教学评价

教学评价的根本目的就是促进学生的成长。成长即学会生存，学会获取信息，学会实施行动，学会研究和解决问题，学会更新自己，学会体验感情，学会合作，学会审美。

一、课程标准对评价的建议

语文课程评价的目的不仅是为了考查学生达到学习目标的程度，更是为了检验和改进学生的语文学习和教师的教学，改善课程设计，完善教学过程，从而有效地促进学生的发展。不应过分强调评价的甄别和选拔功能。突出语文课程评价的整体性和综合性，要从知识和能力、过程和方法、情感态度与价值观几方面进行评价，以全面考察学生的语文素养。在实施评价过程中应注意教师的评价、学生的自我评价与学生间互相评价相结合。加强学生的自我评价和互相评价，还应让学生家长积极参与评价活动。在评价时要尊重学生的个体差异，促进每个学生的健康发展。要综合采用多种评价方式，考试只是评价的方式之一。

二、小学语文教学中的形成性评价

（一）形成性评价

形成性评价是通过诊断教育方案或计划、教育过程与教育活动中存在的问题，为正在进行的教育活动提供反馈信息，以提高实践中正在进行的教育活动质量的评价。形成性评价不以区分评价对象的优良程度为目的，不重视对被评价对象进行分等鉴定。形成性评价就是在课程编制、教学和学习过程中使用系统性评价，以便对这三个过程中的任何一个过程加以改进。形成性评价的主要目的不是给学习者评定成绩或做证明，而是既帮助学习者也帮助教师把注意力集中在达到掌握程度所必须具备的特定知识上。形成性评价是对学生

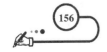

学习进展的评价，是在教学过程中为改进教与学而进行的评价……形成性评价注重对学习过程的指导和改进，强调评价信息的及时反馈，旨在通过经常性的测评，提高学生的学习效果，并改进教师的教学。

（二）小学语文教学中的形成性评价原因

因为学生是在成长发展中的，尤其是小学生的语文能力发展变化更快。总结性评价过多，对学生的压力大，学生成长和发展受到的限制也大。形成性评价重在学习过程中的评价和记录，一段时间后总结评价结果，描述出学生能力发展的轨迹。小学语文教学中的形成性评价主要指在教学进行过程中，为改进和完善教学活动而进行的对学生学习过程及结果的测定。语文能力的形成性评价，着眼于学生能力的发展过程，从多种途径收集学生的知识、能力、兴趣、态度、情感及行为等信息，通过分类、对比和系统分析，全面评价学生的语文能力。

小学语文教学中的形成性评价是在一段时间内，记录学生的学习状况，并从多个角度加以分析、反馈，促进学生自我反思、调整，不断改进学习方法，以求提升其语文素养。形成性评价和终结性评价都是必要的，但应加强形成性评价。提倡采用成长记录的方式，收集能够反映学生语文学习过程和结果的资料，如关于学生平时表现和兴趣潜能的记录、学生的自我反思和小结、教师和同学的评价、来自家长的信息等。语文学习具有重情感体验和感悟的特点，因而量化和客观化不能成为语文课程评价的主要手段。应避免语文评价的烦琐化。定性评价和定量评价相结合，更应重视定性评价。学校和教师要对学生的语文学习档案资料和考试结果进行分析，客观描述学生语文学习的进步和不足，并提出建议。用最有代表性的事实来评价学生。

对学生的日常表现应以鼓励、表扬等积极评价为主，要采用激励性的评语，尽量从正面加以引导。在评价时要尊重学生的个体差异，促进学生的健康发展。要综合采用多种评价方式，考试只是评价的方式之一。

小学语文评价现状：

①评价功能，过分强调甄别和选拔的功能。

②评价重心，过分关注学习的结果。

③评价内容，存在片面和单一的倾向。

④评价的主体，教师是评价的唯一主体，教师与学生是主宰与服从的关系等等。

三、小学语文教学中的形成性评价的作用

(一) 形成性评价能进一步确立学生的主体地位

1. 提高学生学习的兴趣

让学生积极地参与到评价他们的活动中，是学生很喜欢的一种形式。学生在形成性评价中享受获取知识、发现并解决问题的愉悦，在互评及家长、教师的评价过程中得到鼓励，明确了下一步自己的学习行为，并主动去调整、监控自己学习过程。

研究表明：课堂上成功的、有效的学习发生于学生对其学习具有自主感之时，发生于学生理解他们努力的目标之时，发生于他们的内在的学习动机被激发起来的时候，还发生于他们懂得如何学习并且具备学习能力和方法的时候。

2. 增强学生学习的责任意识

让学生积极地参与到评价他们的活动中，还可以增强学生学习的责任意识。

学生会更加专注地学习，并养成自评的良好习惯。学生对完成各项学习任务的责任意识会潜移默化地得到。

3. 增强学生的与人交往合作的意识

培养学生的倾听能力，也有助于学生更好地理解知识，掌握评价标准，更可以使学生养成知识共享的好习惯。因为学生在评他人的好坏时，要说出自己的观点，势必要讲到别的知识点，这样可以使其他学生在听的过程中也不知不觉地了解了这方面的知识。

4. 掌握（优选）学习方法

通过自我诊断、同伴互评等评价活动，更有助于学生针对存在的问题改进学习活动，并不断对学习的预期做出调整，以求学习效益的最优化。

(二) 形成性评价是促进教师专业发展的有效途径

1. 教师由关注结果到更加关注学生学习的全过程

教师由关注终结性成绩到关注一个阶段的学习效果。教师通过对学生学习情况的记录、分析，更加全面地了解学生的学习状况，不仅仅关注知识的掌握情况，还关注到了学生的情感、态度、价值观。在教学实践中科研意识不断提升，使教师的思考也更科学、更深入。

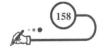

2. 教师由只关注自己的教到关注"以学定教"

教师在教学过程中的各个环节通过形成性评价了解学生的学习行为，而不仅仅是学习的简单结果，从而帮助自己调整教学计划，有针对性地去指导每一个学生，落实促进自己更好、更有效地达到教学的目标，促进学生深度学习，提高其批判性和创造性思维水平和能力，更好、更有效地学习的目标。形成性评价是有效教学过程的一部分。

四、小学语文教学中的形成性评价的特征

1. 评价主体的多元化

①学生的自我评价。

②同学之间的互评。

③教师的评价。

④家长的评价。

2. 评价内容的多元化

①知识、技能获取的评价。

②兴趣、动机的评价。

③学习方法的评价。

④调控能力的评价。

五、小学语文教学中的形成性评价的原则

1. 主体性原则

形成性评价的任务，是对学生的学习表现、学习成绩以及学习情感、学习态度、学习策略等方面的发展做出评价，其目的是激励学生，帮助学生有效调控自己的学习过程，改进学习策略，从而获得成就感，增强自信心。在课堂教学中，学生作为主体参与教学活动。因此，教师要树立"以生为本"的意识，充分尊重学生。要以发展学生语文能力为主，充分发挥学生的主观能动性，突出学生的主体地位，组织引导学生积极参与教学评价。

2. 激励性原则

评价的根本目的是促进学生的成长，而不是甄别和淘汰学习成绩不好的学生。教师应该意识到评价语、分数、等级等对学生自信心和学习热情的影响，并且给出的反馈信息应该尽可能具有建设性。激励性评价可以使学生获得成就感，增强自信心，培养合作精神，

同时有助于学生认识自我，并积极反思和有效调控自己的学习过程，也有助于教师获取反馈信息，从而反思和调整自己的教学行为。在评价过程中，我们要运用恰当、积极的评价方式和反馈方式，激励评价对象不断进取，不断完善和发展自我进而明确努力的方向。

3. 导向性原则

学生需要信息和指导以规划下一学习阶段，所以教师应该明确指出学生的长处和建议如何进一步发扬；明确、建设性地提出弱点并告知如何改进；向学生提供加以改进的机会。不能忽略指瑕、指正与显微等批评性评价。

六、小学语文教学中的形成性评价的方法

①教师更具激励性课堂评价语言。

②调查问卷。

③学习任务工作单。

④学习任务评价单。

⑤师生的反思随笔。

⑥学生、家长、教师共同参与作业本的评价。

七、小学语文教学中的形成性评价的实施

首先，从教学内容的角度看小学语文教学中的形成性评价表现为：

（一）识字、写字

重在考察认读汉语拼音，使用字典、词典，关注学生写字的姿势与习惯，重视书写的正确、端正、整洁，激发学生识字写字的积极性，不用罚抄来纠正错别字。

（二）阅读

综合考查阅读过程（感受、体验、理解与价值取向），阅读兴趣与习惯（选择材料、阅读量）和阅读方法（精读、略读、浏览）的运用。加强感情朗读，鼓励在诵读中增加积累、发展语感、加深领悟。提倡多角度、有创意阅读，尊重独特体验。

（三）写作

求真情：作文评价要努力保障学生真情实感的顺畅表达，鼓励独立有创意的思考和想象；重过程：评价要重视材料准备过程，考查占有运用材料的方法、途径；多修改：教师

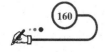

评改、学生自改互改相结合，关注修改的态度、内容、方法。

（四）口语交际

评价学生的口语交际能力，应重视考查参与意识、情意态度。评价必须在具体的交际情境中进行，让学生承担有实际意义的交际任务，以反映学生真实的口语水平。

（五）综合性学习

综合性学习不是听说读写能力的简单相加，而是运用语文、解决问题、探究创新。评价着眼点在于：活动中合作与参与的态度；主动发现与探索的精神；收集、整理信息资料的积极性；语文知识能力的综合表现。

第二节　课堂评价的艺术魅力

一、适切评价是学习的"原动力"

评价要适时，教师要善于捕捉课堂生成，通过巧妙的评价处理课堂上的意外。让评价恰到好处。爱因斯坦有句至理名言："兴趣是最好的老师。"古人亦云："知之者不如好之者，好之者不如乐之者。"兴趣是学习的"原动力"，是学习的"催化剂"，它对于人的学习有着神奇的内驱动作用，能使人因为喜好，而努力学习，化被动为主动，化低效为高效。充分发挥个人的主观能动性，达到学习的最高效益。那么，影响学生学习兴趣的因素有哪些呢？这主要包括教学的方法、师生的关系、教学效果、教学策略、对学生的了解程度、赏罚情况等。

而教学评价语言，正是教师的教学教育理念、对学生的了解程度、师生关系的最好体现，适当的评价语言有助于培养良好的师生关系，营造和谐、进取的课堂气氛，提高学生学习的兴趣，调动学生学习的积极性、主动性，并且可以更好地树立教师的威信。不同的学生，不同的场合，应该使用不同的评价语言，切忌千人一面，再好的"饭菜"，吃了一年也吃厌了，再好的评价语，如果用在每个人的身上，难免会生搬硬套，学生也会感觉厌烦，这样的评价语，就如风吹过耳背，留不下一点痕迹。

课堂评价的时机把握是十分重要的。如果把握不好，会影响评价的结果，甚至于适得其反。因此，评价时机应选在学生真正感到教师可亲、可信赖之时，选在师生情感在教育空间弥漫之时。

二、发展评价是学习的"助推器"

评价并不是一味地赞扬，一味地给学生戴上不适合的"高帽"，这样的爱只是"溺爱"，对学生的发展不仅是不利的，还是有害的，正确的、发展的评价语言能够帮助学生正确认识自己当前的学习状态，成为学生学习的"助推器"。当学生在课堂上开小差，被老师突然提问时，他们最希望听到的是老师这样说："不要紧，老师给你一点时间思考。""刚刚的问题没有听清楚吗？需要重复一遍吗？"在学生通过思考回答了问题之后，老师应该给予赞许的目光，然后告诉他："你看，认真听课，积极思考，你就能得到问题的答案。"在表扬的同时，用暗示的方法给学生正确的上课态度的教育。这样，既可以保护学生的自尊心，也没有姑息学生的错误。

当学生回答问题不够完整的时候，老师也不能轻易放过，而应该及时让学生得到正确的指引。"你已经打开了一扇门，找到了解决问题的钥匙，但是，老师还需要一个同学把大家引进门，谁能够帮助他把这个问题解释得更加清楚，走进知识的乐园呢？""大家不必急于回答，再读一遍课文，体会体会。"只有把老师的一切教育活动都致力于培养孩子成长的目标，只有把老师的发展性评价理念贯穿在一切的教育行为中，才能真正达到教育是一切为了孩子。语文教育是为了更好地培养每一个孩子的语言文字兴趣、能力的目的，使每一个孩子都在教育教学中受益，从而让教育的天空充满阳光，充满生机。

三、评价语言要艺术化

幽默、风趣、创新的评价语言是课堂交往的润滑剂。同样，运用幽默、风趣的评价语言也是调节师生情绪、打破课堂沉闷局面所不可缺少的有效方法。幽默是教学的得力助手。幽默可以使语文学习化难为易，幽默可以使课堂气氛和谐融洽，幽默可以使师生心灵对接沟通。老师笑着看学生，学生就会笑着看老师。富于幽默感的语言更容易使教师实现对课堂教学的有效控制，更容易缓和师生间的紧张气氛，也更能使学生以一种积极、乐观的态度来处理矛盾，让学生在轻松愉快中接受教育、获得知识。机智、诙谐的评价语言，不仅能促进学生思维的敏捷和灵活，更能使课堂教学妙趣横生，充分调动学生学习积极性。

四、评价的语言要生动

课堂评价要注意语言的生动形象，使评价更富感染力。如在学生取得成功时："你有

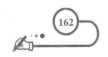

一双慧眼，火眼金睛，把藏在背后的东西也读出来了。"在学生迷茫时："真好，你们真有一双发现的眼睛，又找到了一处，还有没有？"在学生缺乏信心时："老师最喜欢举手的同学，举手的同学是最自信的同学。"这一句句动情的话语，似春风如春雨，催开了学生心灵的花朵，课堂上，学生"小手直举，小脸通红，小口常开，小眼闪光"。

（一）瞬时评价，适时发现，捕捉学生的闪光点

课堂评价是一种瞬时评价，教师本人要抓住稍纵即逝的机会，及时地进行激励性评价，还要引导学生也学习在评价时善于捕捉、把握时机，进行对话交流评价，促进师生、生生心灵沟通。适时性评价要面向全体学生，在课堂教学中，针对学生的学习态度、学习习惯、学习方法、学习能力等进行激励性口头评价。更重要的一点，评价要承认学生个体的差异性，实施纵向评价。考察受教育者个体进步或退步及幅度，注意学生个体自身的发展状况，有利于学生的自我评价反思，调整心态和评价行为，不断进步。激励性口头评价要根据学生不同的个性、气质、特点、学习水平，因人而异，因时而异，做出针对性的、艺术性的评价。这样才有利于学生对评价的认同和接受，有利于学生个性的发展和潜能的激发。在课堂这个小世界里，让不同的学生全力投入、尽情发挥，获得发展。

（二）延缓评价，给学生思维发展的空间

教学中，教师对学生正在讨论的问题，不能立即给予肯定或否定的评判，而应以鼓励的行为方式或语言，或提问或实验，让学生畅所欲言，然后选择一个恰当的时机说出自己的见解和主张。延缓性评价把评价权还给学生，让学生去发现、去分析、去论证。每当一种意见提出时，教师都请学生给予评判，他们或分析，或争论，或同意，自己来处理。在学生解答问题时，教师对学生解答的评价不是按标准答案，而是用语言提示诱发、鼓励学生发散思维，激发学生的独创性。对学生理解不正确或不完善的地方，教师根据学生错误所在，补充设问，点拨学生引发讨论，引起深入思考，让学生在不断的争辩中明确认识，经历一个自悟自得的创新过程。

"孩子们，在现实生活中，解决问题的方法是多种多样的。碰到困难的时候，只要我们开动脑筋，就一定能找到解决问题的好办法。就像你们这节课的表现一样，老师为你们骄傲。"是啊！教师要让孩子有一颗创造的"心"，就少给孩子"画"上一个又一个的"方格"，以免它成为孩子学习的"紧箍咒"。应该打破原来"套路"，以儿童般的心态珍视孩子的一些"格格不入"。这时，教师就会为孩子的"童言无忌、异想天开"而叫好。在必要的地方再做适当的引导，这样教师和学生就不会成为"套中人"，彼此都可以在生

命的绿洲里快乐而自由地成长。在教学中，适时性评价，是激起学生思维的"一剂良药"，正确运用激励性评价，必将使我们的语文课堂焕发出生命的活力和无限的生机。

五、评价注重情感，贵在真诚

有人说：教师充满艺术的课堂评价语言，虽不是蜜，但可以粘住学生；虽不是磁，但可以吸引学生。在课堂上，它让我们看到的是学生一张张阳光灿烂的脸，听到的是学生的欢声笑语，体悟到的是学生的个性张扬。是啊，孩子的心灵是敏感而脆弱的，亟需教师的呵护和关爱。要知道，在关键时候，教师的一句恰当的评价，会使学生进一步认识自己，赏识自己，找到进步的方向，平添无穷的力量，以饱满的情绪参与课堂学习，使学生感受到学习是一项快乐、富有成就感的活动。有爱才有教育，只有对学生时刻充满着浓浓的爱意，让学生时刻沉浸在师爱的氛围中，学生才是真正幸福的。"情动而辞发""未成曲调先有情"，情充斥着我们生活的每一个角落，教育需要"情"，课堂也需要"情"，教师的评价语言更要有"情"！教师心里要真有学生，就要尊重学生，相信学生，关注学生，让他们发出自己的声音，表达出自己内心真实的感受。我们要真正把自己看作是和学生平等的一员，和学生"平等对话"，全神贯注地聆听，并及时作出回应，热情、全面地对每一位学生的学习表现加以评价，以教师自己的情感开启学生情感的闸门，激发学生学习的欲望。学生在课堂上的每一次发言，都是他们的劳动成果，希望得到教师公正的、热情的评价。此时教师的态度情感直接影响到学生的学习情绪。因此，教师对学生回答问题的点评有时不应只局限于答案的正确与否，出现偏颇在所难免，不能一叶障目，以偏概全，简单以答案的对错来下结论，而应全面看待学生的回答，可以对他们的思路、语言、体态等作出具体分析，努力去发现、捕捉其中的积极因素，给学生某一方面的肯定，让他们得到心理上的满足，从而使学生始终以积极的状态参与学习过程。让学生从成功中增强自信，享受成功的快乐。真诚的评价应该是发自内心的对学生的尊重与赏识，有时也许是一个期待的眼神，一个会心的微笑，爱抚地摸头，亲切地握手，深情地拥抱，由衷地鼓掌，真诚的赞语，都能传播一种情绪，一种感情！

"感人心者，莫先乎情"。同样一个"好"字，可以说得平淡如水，让人感到有勉强应付之嫌，也可以说得激情满怀，让人感受到发自内心的真诚！情绪和情感是一种内在的动机力量，直接影响学生的学习，而教师的评价对学生的情绪和情感有影响极大，因此我们的评价一定要注重情感的投入，要用简短恰当的措辞，热情地给予褒奖，让学生真切地感受到成功的喜悦！

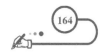

第三节 对学生进行多元化评价

一、小学生作文多元评价

一直以来，作文教学是"学生作文，教师批改"。当学生完成作文交到老师手中即"大功告成"，而教师对收上来的作文后总是一篇篇精批细改，花了大量时间，累得气喘吁吁，大汗淋漓。当批改好的作文回到学生手中时，许多学生只看了一下分数，便合上作文本。可见教师改作文是"徒劳无功"的"无效劳动"。徒劳无功，浪费教师的生命；恶性循环，更是害了学生。为了改变上述现状，提高作文评价的效益，同时减轻教师批改的负担，我们在实践中采取了以下措施。

评价作文的内容包括三方面：基础分、技能分、附加分。基础分包括：错别字少、正确使用标点、语句通顺、字迹清楚。技能分包括：内容具体、真情实感、语言生动、条理清楚、中心明确。附加分包括特色分和进步分。特色分指学生在某一方面有特好的地方，如想象力丰富，选材新颖，构思特别，开头结尾特好或某一个地方写得特好等。进步分指学习前后作文中出现的微小的进步，可以是字比以前端正了，错别字少了，会使用标点了等。以上评价作文的几个方面可以根据年级高低、班级的素质，适当地减少或增加。

既然在传统的作文教学评价中，教师是评价的主导者和权威，开放式的作文评价则应该是"交互式"的。在"交互式"的评价中，作文教学中的评改不是教师批阅后，学生被动修改，而是让学生成为评改的主人，这样，有助于学生作文能力的提高，也有助于学生自主意识的培养。

（一）自我评价

作文教学要着重培养学生自己改的能力。因此，在作文评价中尝试让学生自我评价。当然，让学生自改，绝不是放任的，而是靠老师有计划地通过训练来培养。学生完全自改，要有个过程，不能急于求成。第一步，按照写作要求，教师示范批改，让学生掌握批改的方法，然后对作文评价的项目，一一评出分数，指出优点和不足之处。学生在自读作文后，经过思考，肯定优点，找出不足，有的还提出了不懂的问题。自我评价使每个学生都参与到作文的评价中来，打破了教师一个人评价作文的传统做法，促进了主体性的发展。

（二）开展群评

教师将学生的作文用多媒体出示，让全班学生读后进行评议，写出评语。课堂气氛活跃，写作文的学生可以谈自己的写作想法，其他同学可以向作者提出问题，也可以谈自己对习作的意见，作者也可以答疑，大家各抒己见。这种评价方法，激活了全体学生的思维，满足了学生共同参与作文评价的需要。

（三）小组评

把全班学生分成四人一组，每组推荐一名组长。每组循环阅读其他组的四篇作文，四人先将拿到手的四篇作文细细阅读，个人提出自己的观点、看法，最后按每组组员的理解给作文按具体项目评出分数。

（四）家长参评

教育是全方位的系统工程，要打破校内、校外的界限，这不仅体现在教学的过程中，也应体现在作文的评价中。老师应该充分调动家长的积极性，请他们对孩子作文进行评价。有的给孩子的作文指出优点和不足，有的给孩子提出了希望，还有的与老师共同探讨作文改革的问题。家长参与作文评价虽不能从写作技巧上给予学生多大的帮助，但是促进了家长与孩子间的沟通，使校内外的教育得以延伸。但这只能适用在家长自身素质高的个别孩子上。

班级实施作文多元评价以来，产生了良好的效果：

1. 减轻教师批改作文的负担

只要是语文老师，一说到批改作文就头疼，因为批一次作文得花大量的时间，可能在上班时间完不了，还得带回家继续批改。可是，自从采用分数制从多方评价作文，批改的时间最少减少一半。你想，以往一篇特殊的作文，眉批、总批，教师就算用最快的行书写至少是十分钟，如果用楷书写那还得加五分钟。现在，学生帮你写好作文的每一个项目，你只要在旁边写上分数；有时学生自己评过，你只要再旁边进行适当的加减，或者不变。虽然有时在进步分和特殊分中要写出原因，"字进步了""开头新颖""错别字比以前少了"等，但也是寥寥几个。

2. 最大程度激发每个学生的动力，提高作文水平

现在，有很多学生怕作文，不喜欢写作文特别是后进生，认为作文太难了，而且不管

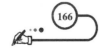

怎么认真地写，得到的还是批评。正是如此，许多学生学完了小学六年，写出的文章还是读也读不通。所以，激发学生的兴趣，是写好作文的前提，实施了"多元评价"，能激发每一个学生的兴趣。

二、小学语文识字教学课堂评价初探

有效的课堂教学评价不仅对教师的教学起到导向、反思、激励、改进作用，而且对学生的健康成长和发展起着促进作用。新课程理念为识字教学的课堂评价提供了理论基础。其评价的价值取向主要表现在以下几方面：

（一）以学生"学"的状态来论教师的"教"

传统的识字教学，没有有效的课堂评价为导向，教师对生字是逐个的教读字音，分析笔画、笔顺、偏旁、结构；教师讲得细，学生学得少。教学活动始终陷入一种呆板的状态。新课程要求，教师"应创造性理解和使用教材，积极开发课程资源，灵活运用多种教学策略，引导学生在实践中学会学习"。

这一理念使得教师的教学行为和学生的学习方式发生了根本性的变化。评价的关注点也随之改变，由过去关注强化训练转变为关注学生浓厚兴趣的培养，关注学生识字的强烈愿望；关注教学中生生之间、师生之间的合作、探究状态。这就要求教师重视课堂教学的设计，能运用声音、实物、录像、色彩等直观手段组织教学。特别是充分发挥多媒体技术在识字教学中的作用，把识字内容制成音、形、义的为一体的动画效果，创设教学的直观情境。

教学中教师能否创设情境，使学生的学习状态、师生的交往互动状态达到最佳效果。是对教师进行教学思想、教学水平、技巧评价的重要依据；同时也是教师进行自我教学策略调整、促进教学水平提高的依据。

（二）以学生"多元智能"的发展来评教师的"导"

识字教学是对汉字符号的认知过程。低年级识字教学内容单一，识字量大，给学生带来了一定的困难。这就要求教学过程，符合学生的身心特点，保护好学生的好奇心，尊重学生的多元智能。多元智能理论认为，人的智能存在个体差异，应充分相信每个学生都有发展的潜能。因此，不能把识字教学看成是单一的接受过程，而是促进学生个体优势智能的发展，并向识字学习发生有效迁移的过程。这就要求在识字教学中，学生的学习方式是丰富、生动、灵活的。学生是学习的主体，教师应引导学生以表演法、联想法、形声字识别法，编儿歌法、猜字谜法、折字换形法、音形义对比法等方式引导学生学习，开发学生潜能。

（三）关注基础知识的掌握与情感态度价值观的培养并重

由于电脑技术的运用，汉字的美育价值淡化，教师忽略了对学生进行汉字美育的陶冶；更有教师认为，识字教学不像阅读课文有精彩的故事情节，不能对学生激趣，枯燥学习具有一定的客观性。在教学中只是重复抄写，把会认、会写作为学习的终结点，忽略学生的情感体验。这是一种畸形的教育，在新课程理念指导下，基础知识学习与情感态度价值观的培养并重。在教学评价时从过去重会认、会写转变为重学生知识、能力、情感态度价值观的形成和发展。这就要求教学过程做到三维目标的有机整合。既要学生有端正、整洁、行款整齐的书写能力，了解汉字的笔画、间架结构，又要使学生受到祖国文字美的熏陶，做到工具性与人文性的有机统一。

（四）关注教学内容与学生实际生活的联系和学生实践能力的培养

识字教学要将儿童熟识的语言因素作为主要材料，同时充分利用儿童的生活经验，注重教给学生识字方法，力求识用结合。运用多种直观形象的教学手段，创设丰富的教学情境。这一理念为识字教学形义不能同步，抽象符号难以理解，拓展出了广阔的空间。在教学评价中，学生生活化识字材料在课堂教学中的运用受到特别的关注。这就要求教师把教材当成例子，把学生熟悉的语言材料整合到课堂中来。利用直观、生动的材料，激发学生已有的经验学习新的知识。这要突出抓好两方面的教学。

一是以熟悉的语言材料为基础，正确认识汉字的音、形、义。二是重视学习实践，培养学生热爱语言文字，正确运用文字的能力。这就要求要为学生建构实践的平台，如开设"识字乐园"、开展"小组合作编故事"，集存物品"标签识字"活动，在实践中培养学生运用文字的社会性发展能力；教育学生有自我识别能力，不能学一些标志牌上使用的不规范的简化字、谐音字、别字、错字、艺术字等。要有正确的价值观，要热爱祖国的语言文字。

三、教师评语激励学生作业进步

评语历来是老师评定学生作业的一种最常见的方法。在以往的批改作业中，由于教师教学负担过重，所谓全批全改，也只是"蜻蜓点水"一般，简单地划上"对、错"号，有的老师甚至批一个"阅"，表示老师已经看过了。在采用了等级制的评价方法后，老师一般给答题正确、书写认真的作业批上"优秀""良好"等批语。这种方法，在评价学生学习成绩，判断解题过程和方法，比较学习差异方面有一定的作用。长期采用这样一种批改方法，不但枯燥乏味，而且缺乏新鲜感，缺乏激励性，更不能全面评价一个学生的基本素质、学习潜力。往往作业本发到身边，学生权当任务看一下就过去了，起不到矫正、反馈的作用，也谈不上学生有内在的需求，更达不到提醒和激励学生的作用。作业的满分仅表示"答题正确"，学生的解题思路、方法、习惯、能力、品质等各方面并不能从分数中体现出来，而这些东西却正是小学生学习潜力之所在。此外，单纯的用"×"来评价学习思维、学习成绩，影响师生之间思想、情感的交流，影响学生的学习情绪。

新的课程改革犹如一股春风吹遍了祖国大地。新课程反映的核心理念是人文主义精神下的以文为本。评语的定位也应由老师与作业之间，转变为老师与学生、学生与学生、家长与学生、学生与自己之间的互动与交流。作业反馈要及时、全面、具体，在反馈方式上，应提倡多元反馈，淡化单一的终结性评价，反馈的内容更应丰富多彩，将由纯知识结果的关注转向对学生生命存在及其发展的关怀，要用发展的眼光看孩子。要充分肯定学生的点滴成功，小心呵护他们的学习欲望，保护他们的自信心，使他们对自己的作业也更重视、更珍惜，从而转化为学生学习的动力。

参考文献

[1] 杨德伦. 小学语文教育创新实践 [M]. 北京：光明日报出版社，2018. 03.

[2] 莫莉. 小学语文教育教学知识与能力 [M]. 昆明：云南科技出版社，2018. 11.

[3] 冰心. 教育部小学语文教材推荐阅读丛书陶奇的暑期日记 [M]. 成都：天地出版社，2018. 08.

[4] 孙立权. 孙立权语文教育札记 [M]. 北京/西安：世界图书出版公司，2018. 08.

[5] 江玉安. 小学语文课程与教学导论 [M]. 长沙：湖南师范大学出版社，2018. 05.

[6] 李春喜. 全国小学教育专业"十三五"规划教材小学语文教学技能实训 [M]. 上海：复旦大学出版社，2019. 06.

[7] 刘昕. 全国小学教育专业"十三五"规划教材小学语文教学设计 [M]. 上海：复旦大学出版社，2019. 07.

[8] 张庆. 义务教育教科书配套用书小学语文备课手册五年级上 [M]. 南京：江苏凤凰教育出版社，2019. 08.

[9] 高飞. 小学语文教学"125" [M]. 北京/西安：世界图书出版公司，2019. 05.

[10] 李斌，杨永建. 深耕语文 [M]. 济南：济南出版社，2019. 09.

[11] 林惠生. 语文教育的"理"性 [M]. 长春：吉林文史出版社，2019. 02.

[12] 饶满萍. 小学语文教学设计与实施 [M]. 成都：西南交通大学出版社，2019. 01.

[13] 甘清梅，车兴钰. 小学语文教学实践探究 [M]. 北京/西安：世界图书出版公司，2019. 06.

[14] 罗祎. 小学语文教学实践研究 [M]. 北京：光明日报出版社，2019. 01.

[15] 李伟平. 小学语文课型研究 [M]. 福州：福建教育出版社，2020. 05.

[16] 宁鸿彬. 怎样教语文 [M]. 北京：商务印书馆，2020. 02.

[17] 丰际萍，赵晓蕾，聂淑香. 基于标准的小学语文单元整体教学 [M]. 济南：济南出版社，2020. 06.

[18] 李真微. 语文教育散论 [M]. 北京：团结出版社，2020. 06.

[19] 刘国正，曹明海. 语文教学的"实"与"活" [M]. 济南：山东教育出版社，2020.

10.

［20］周均东. 基于云南实践的小学语文教学研究［M］. 北京：知识产权出版社，2020.
12.

［21］陈先云. 语文教育问题与改革［M］. 天津：天津教育出版社，2020. 07.

［22］王建军，缪葵慈，陶家骏. 汉语国际教育与语文教育研究论集［M］. 苏州：苏州大
学出版社，2020. 09.

［23］欧阳琪. 印象语文的思与行［M］. 广州：中山大学出版社，2020. 01.

［24］周一贯. 小学语文教育的文化观［M］. 南昌：江西教育出版社，2021. 11.

［25］李艳. 小学语文教育创新实践研究［M］. 长春：吉林文史出版社，2021. 12.

［26］王红梅. 教育如歌小学语文课程生活化探索与实践［M］. 北京：中国出版集团；现
代出版社，2021. 08.

［27］王爱娣. 美国语文教育［M］. 北京：语文出版社，2021. 05.

［28］顾之川. 叶圣陶吕叔湘张志公语文教育名篇精选［M］. 福州：福建教育出版社，
2021. 03.

［29］窦昕. 语文应该怎么学［M］. 北京：团结出版社，2021. 02.

［30］樊裔华等. 小学语文统编教材里的传统文化［M］. 上海：上海交通大学出版社，
2021. 10.

［31］徐凤杰，刘湘，张金梅. 小学语文教学生活化的策略与研究［M］. 长春：吉林人民
出版社，2021. 07.

［32］徐文. 小学语文教育与文学素养研究［M］. 青岛：中国海洋大学出版社，2022. 06.

［33］王丽敏. 让教育激情燃烧小学语文教学研究［M］. 长春：吉林人民出版社，2022.
08.

［34］张龙. 儿童思维语文［M］. 济南：济南出版社，2022. 07.

［35］汤天勇. 语文教育研究（2022 版）［M］. 武汉：武汉大学出版社，2022. 07.

［36］姜建邦. 语文真的很有趣 38 堂趣味语文课［M］. 北京：西苑出版社，2022. 02.

［37］舒洪沫. 优秀传统文化融入小学语文教学研究［M］. 长春：吉林文史出版社，2022.
08.

［38］李贺. 信息时代小学语文课程形态的变革与创新［M］. 北京：北京交通大学出版
社，2022. 08.

［39］吴欣歆. 教育写作指南语文教师的学术表达［M］. 武汉：长江文艺出版社，2022.
11.